STUFEN DES LEBENS

Das ganze menschliche Leben - nicht nur der eine oder andere Teilbereich - ist in eine Krise geraten. Der Mensch produziert Überfluß und verarmt an elementaren Erlebnissen. Mit überentwickelten Instrumenten steht er als ein unterentwickeltes Wesen da. Er scheint mit allem, nicht aber mit sich selbst fertig zu werden. Deswegen ist es an der Zeit, ihm, dem Menschen, alle Aufmerksamkeit zu widmen, zu erforschen, was heilsam für ihn ist und was nicht, was ihm wohltut und was ihn gefährdet.

In der Bibliothek *Stufen des Lebens* werden aus der Sicht der Tiefenpsychologie Lebensfragen behandelt, die jeden Menschen angehen. Psychoanalytischer Fachjargon ist zwar in aller Munde, aber ein wirkliches Verstehen dessen, was die Psychoanalyse über seelische Beziehungen und Konflikte herausgefunden hat, blieb bis heute fast ganz auf den Kreis der Fachleute beschränkt.

Diese Buchreihe wendet sich deshalb bewußt auch an den Laien. Ihm werden durch Einsicht in die Grundmuster seelischen Verhaltens praktische Hilfen zur Daseinsbewältigung gegeben. Bei aller Vielfalt der Themen ist den Autoren die Absicht gemeinsam, dazu beizutragen, daß der Mensch erwachsener, lebendiger und freier wird und sich nicht ausschließlich an Erfolg und Leistung orientiert.

STUFEN DES LEBENS

Eine Bibliothek zu den Fragen unseres Daseins

Band 8

Herausgegeben von Hans Jürgen Schultz

HANS SCHMID

JEDEN GIBT'S NUR EINMAL

Plädoyer für ein neues Menschenbild

Kreuz Verlag Stuttgart · Berlin

CIP-Kurztitelaufnahme der Deutschen Bibliothek

<u>**Stufen des Lebens:**</u> e. Bibliothek zu d. Fragen unseres Daseins /

hrsg. von Hans Jürgen Schultz. – Stuttgart; Berlin: Kreuz-Verlag.
NE: Schultz, Hans Jürgen [Hrsg.]
Bd. 8. → Schmid, Hans: Jeden gibt's nur einmal

<u>**Schmid, Hans:**</u> Jeden gibt's nur einmal: Plädoyer für e. neues Menschenbild /

Hans Schmid. – 1. Aufl. – Stuttgart; Berlin: Kreuz-Verlag, 1981.
(Stufen des Lebens; Bd. 8)
ISBN 3-7831-0624-9

1. Auflage

Gestaltung: Hans Hug
Gesamtherstellung: Ebner Ulm
ISBN 3 7831 0624 9

Inhalt

KOSMOS UND MENSCH

Was außen ist, ist innen

Wir leben in einer Welt, die – zumindest scheinbar – noch die gleiche ist wie vor Jahrzehnten, Jahrhunderten oder Jahrtausenden. Vielleicht sollte ich genauer sagen: auf einem Planeten, der seine Bahn um die Sonne zieht. Dieser Planet »Erde« ist eingebettet in ein Milchstraßensystem, in eines von Milliarden solcher Systeme: ein winziges Etwas im Gesamt dessen, was wir den Kosmos nennen. Von diesem Kosmos sagt der Philosoph und Physiker Carl Friedrich von Weizsäcker, er sei »unendlich – aber begrenzt«. Unvorstellbar!

Hätten wir noch (oder wieder) die Fähigkeit zu staunen, müßten wir mit dem Psalmisten sagen: »Wenn ich sehe die Himmel, deiner Finger Werk, den Mond und die Sterne, die du bereitet hast: was ist der Mensch, daß du seiner gedenkst, und des Menschen Kind, daß du dich seiner annimmst? Du hast ihn wenig niedriger gemacht als Gott, mit Ehre und Herrlichkeit hast du ihn gekrönt. Du hast ihn zum Herrn gemacht über deiner Hände Werk, alles hast du unter seine Füße getan: Schafe und Rinder allzumal, dazu auch die wilden Tiere, die Vögel unter dem Himmel und die Fische im Meer und alles, was die Meere durchzieht« (Psalm 8,4–9). Wir leben in einer Welt, die in ihrem kosmischen Gefüge *noch* die ist, von der der Psalmist singt und die er (nur) »ahnt«, das heißt fühlt. *Wovon* er spricht, ist das, was wir die »erste Schöpfung« nennen: der Kosmos und der Mensch *im* Kosmos und eine darin wirkende »Kraft«.

Wir leben in einer Welt, die *nicht* mehr die des Psalmisten ist. Wir haben die »zweite Schöpfung« geschaffen. Wir haben innerhalb von wenigen Jahrzehnten ungeheure und unheimliche Energien freigesetzt zur atemberaubenden Erweiterung unserer Verfügung über die Natur. Wir können unter Nutzung der ersten Schöpfung zum Beispiel zu anderen Planeten »reisen« und zu entfernteren Planeten Satelliten schicken, um sie zu beobachten und genaue Meßdaten über sie zu erhalten. Wir können Raumstationen einrichten für friedliche oder nichtfriedliche Zwecke. Wir können interkontinentale Raketen bauen mit Atom-, Wasserstoff-, Neutronensprengköpfen. Wir können das Klima beeinflussen, Seuchen erzeugen, Gene manipulieren, Menschen im Reagenzglas schaffen. Molekularbiologen und -genetiker, die hervorragendsten unter ihnen Nobelpreisträger, können mit dem Stolz eines Kindes oder mit menschen- und damit letztlich sich selber verachtender »Wissenschaftlichkeit« feststellen, daß nunmehr das oberste Ziel dieser Wissenschaft die direkte molekularbiologische Aufbesserung der menschlichen Natur sein müsse: der Mensch nach Maß.

Die biotechnische Sozialtherapie steht unmittelbar vor serienreifen genetischen Vervielfältigungsmöglichkeiten genormter Menschentypen, zum Beispiel den sauerstoffunabhängigen Allzwecktyp Reinhold Messner. (Messner hat im Alleingang und ohne Sauerstoffapparaturen den 8125 Meter hohen Nanga Parbat im Himalajagebirge erstiegen.) Ein führender Gehirnforscher wie der Leiter des Psychiatrischen Instituts der Universität von Kalifornien, Arnold Mandell, teilt mit, daß sich die Forschung mit die Psyche beeinflussenden (psychotropen) Drogen zur Veränderung von Weltbildern beschäftige. »Kultur, Persönlichkeit und Gehirnchemie sind in Wirklichkeit dasselbe. Sie sind nur verschiedene Möglichkeiten, die Dinge durch unterschiedliche akademische Disziplinen zu betrachten. Das Äquivalent von Religionen und politischen Systemen liegt eingebunden in diesen Chemikalien.« Die Konsequenzen aus solchen Möglichkeiten sind klar. Schon 1970 wurde von dem angesehenen und einflußreichen Genetiker Bentley Glass gefordert, keinem Elternpaar künftig mehr das Recht zu lassen, die Gesellschaft mit einem mißgestalteten Kind zu belasten. »Sie müssen einen Menschen erzeugen, der seine gegenwärtige Natur überwindet.« Und der Bakterienphysiologe Bernard Davis will »die Erzeugung solcher Individuen verringern, deren genetische Ausstattung ihre Fähigkeiten begrenzen würde, mit einer technologisch komplexen Umwelt fertig zu werden«. Noch brauchen wir Bio-Eltern, bald werden wir nur noch Profi-Eltern brauchen und auch die vielleicht nicht mehr. – Wir haben die elektronischen Medien mit ihren ungeheuren Möglichkeiten . . . Wir können und können . . . Das ist nur ein kleiner Katalogausschnitt.

Mag man vieles als »schlechte Wissenschaft«, weil nur auf den meßbaren und wägbaren Teil eingegrenzt und die übrige Komplexität vernachlässigend, abtun. Es bleiben trotzdem reale Möglichkeiten und Gefahren, weil diese Wissenschaftler Heil- und Heilsversprechen machen.

Unser rationales Wissen und die damit geschaffenen Technologien haben sich in wenigen Jahrzehnten so rasant ausgedehnt wie zuvor in vielen Jahrhunderten zusammengenommen nicht: Wir haben für den kleineren Teil der Menschheit eine Fülle von Daseinsmöglichkeiten, Bequemlichkeiten, Annehmlichkeiten geschaffen, wie sie es zuvor niemals gab. Aber auch ebenso viele Abhängigkeiten und Manipulierungsmöglichkeiten. Und wir sind zugleich in der Lage, alles Leben – soweit wir das wissen mit unserem Wissen – auf diesem Planeten und diesen Planeten selber auszulöschen. Wir haben es in der Hand. Haben wir es noch in der Hand?

Im 198. Jahrzehnt unserer Zeitrechnung leben wir nicht mehr *wie* der Psalmist. Wir leben aber auf dem gleichen Planeten (im kosmischen Gesamtgefüge und nach dessen kosmischen Gesetzen), den wir »geplündert« haben. Seine Reserven gehen zu Ende. Und unsere »Wegwerfgesellschaft« *ist* am Ende. Ob es noch rechtzeitig gelingen wird, eine sogenannte »weichere« (Soft-) Technologie zu entwickeln und einzusetzen, bevor die Erde »kippt«, das heißt aus ihrem kosmischen Gefüge herausfällt, kann niemand sagen. Und was wird, wenn die »Soft-Technologie« zu einer völlig andersartigen Lebensgestaltung zwingt? Sie wird es, bis in die persönlichsten Lebensbereiche, -gewohnheiten und -anschauungen hinein.

Dieser Planet, einer in einem Milliardensystem von Milliardensystemen, ist von Milliarden Menschen bewohnt. »Bewohnt« zu sagen angesichts des Zustandes, in den wir diesen Planeten und seine Bewohner gebracht haben, klingt fast wie Hohn. Sollten wir lieber sagen: bevölkert, überbevölkert? Derzeit sind es vier, in wenigen Jahrzehnten werden es sechs Milliarden sein.

Einer davon sind Sie, einer davon bin ich. Ein winziges Etwas in einem Milliardengefüge, das seinerseits wiederum nur ein winziges Etwas ist in einem Milliardengefüge von Milliardengefügen. Können wir das einen Augenblick lang zu fühlen versuchen? Der Psalmist konnte es: »Was ist doch da der Mensch?« Fühlte er sich noch so eins mit den kosmischen Gesetzen, so verbunden mit den kosmischen Energien, daß er staunend *sich* fühlte als einen Teil davon und daß er sich begreifen konnte als in ihm wirkende »Lebensenergie«? Freilich nicht in dem »rationalen« Sinne, wie wir das heute tun, sondern elementarer. Oder ist das, was er in seiner Naivität mit dem Glauben an einen »persönlichen Gott« ausdrückte, »nichts als« infantile Sehnsucht nach dem Glanz im Auge »Gottes« angesichts seines Geschöpfes? Ist es eine nur um sich selbst kreisende und demzufolge narzißtische Illusion? Nichts als die großartige Verleugnung seiner elementarsten Angst, Ohnmacht und Hilflosigkeit und also die Rationalisierung seines »Gotteskomplexes«? Wir können diese Frage »objektiv« nicht entscheiden. Auch nicht mit Hilfe der Psychoanalyse. Denn alle Wissenschaftlichkeit – und gerade das müßte die Psychoanalyse als Wissenschaft mit allem Nachdruck, auch gegen sich selber, feststellen – enthält die »persönliche Gleichung« des Wissenschaftlers. Und *in* dieser persönlichen Gleichung wirken, gewollt oder nicht, die gesellschaftlich gültigen Werte und Normen seines Kultur- und Lebenskreises, die kollektivbewußten und vor allem auch die kollektivunbewußten, mehr oder minder nachhaltig mit. Wir könnten diese Frage darum – und auch das nur einigermaßen zutreffend – entscheiden, wenn wir *so* erleben könnten wie der Psalmist. *Vermutlich* ist es weder »nichts als« das eine noch »nichts als« das andere, sondern »sowohl – als auch«, und das zugleich.

Die Welt, in der wir gegenwärtig leben, ist weder »nichts als« die »erste Schöpfung« noch »nichts als« die zweite Schöpfung, sie ist »sowohl – als auch«. Und eben das ist unser Problem.

So großartig die Werke der zweiten Schöpfung sind, so beklagenswert, alarmierend, ja buchstäblich lebensbedrohend sind sie auch. Nach den Eingriffen in die Natur zur Erweiterung unserer Verfügungsmacht über sie folgt offenbar zwingend der Eingriff in den Menschen, der Griff *nach* dem Menschen. Doch da ist noch ein unübersehbares und unüberhörbares Signal: Das ökologische System droht zusammenzubrechen. Spätestens an diesen möglichen Folgen unserer Eingriffe in die Natur können wir erkennen, daß eine »dialektische Totalität« (Duhm) im Menschen, zwischen Mensch und Mensch, zwischen Mensch und Menschheit, zwischen Menschheit und Planet Erde, zwischen diesem Planeten und allem, was auf und in ihm ist, und allen übrigen Systemen des Universums besteht.

Was heißt: »dialektische Totalität«?

»Dialektische Totalität ist eine Ganzheit, deren Wechselwirkungen und Durchdringungen so ablaufen, daß die Kräfte, Gesetze, Rhythmen, Polaritäten und Strukturprinzipien des Ganzen auf irgendeine Weise – vielfach transformiert, gespiegelt und gebrochen – in seinen Teilen wiederkehren« (Duhm, Synthese der Wissenschaft).

Etwas einfacher ausgedrückt: Das »Ganze« (was immer das ist, zum Beispiel der Kosmos) wirkt auf den und in dem Teil (was immer das ist, zum Beispiel der Mensch, Sie, ich, alle anderen). Und der »Teil« (Sie, ich, jeder) wirkt durch die

Weise, wie er ist, zurück auf das »Ganze«. Und noch einfacher: Alles steht miteinander und untereinander in »Interaktion«, in wechselseitigen Austausch-, Bedingungs- und Beeinflussungsprozessen.

Verfolgen wir das doch einmal »hautnah«: Ein Mann und eine Frau, beide mittleren Alters, mit akademischen Berufen und in einflußreichen Tätigkeiten, suchen tiefbesorgt um ihren einzigen achtjährigen Sohn eine psychoanalytische Behandlung. Der Grund: Der Sohn schläft nachts seit einiger Zeit nicht mehr durch, schreckt vielmehr immer wieder auf, steht dann mit angstverzerrtem Gesicht in seinem Bett und schluchzt mit herzzerreißender Stimme immer wieder: »Nein! Bitte, bitte nein!« Äußere Gründe, wie etwa Verkehrslärm oder »Reizüberflutung« durch übermäßigen und wahllosen Fernseh- und sonstigen Medienkonsum, gibt es nicht. Organische Ursachen, wie etwa Folgen einer überwundenen Hirnhauterkrankung oder latente Krampfpotentiale im Gehirn, sind durch gründliche fachärztliche Untersuchungen mit Sicherheit ausgeschlossen. Weder mildere noch stärkere Beruhigungsmittel halfen gegen die »Nervenschwäche«. Das Kind ist hochbegabt und sensibel, weshalb diese nichtssagende, allenfalls Ratlosigkeit verdeckende Diagnose naheläge. Auch sonst fehlt dem Jungen nichts, weder an materiellen Möglichkeiten – nein, das Kind ist auch nicht, und das klingt glaubhaft, verwöhnt –, noch fehlt es an emotionaler Zuwendung von den Eltern. Vater und Mutter lieben das Kind, verstanden und verstehen es offenbar recht gut, auf die phasenspezifischen Anforderungen der Entwicklung ihres Kindes zu antworten.

Als engagierte Eltern finden Herr und Frau K. (wie ich das Paar nennen will) trotz ihres hohen beruflichen und darüber hinaus auch gesellschaftlichen Engagements Zeit, sich mit psychologischen und psychoanalytischen Fragestellungen zu beschäftigen. Nicht, weil das »in« ist und »man« da mitreden können muß, wenn von Ödipus, Narzißmus und Kastrationsängsten die Rede ist. Nein, sie sind interessiert, weil beteiligt und betroffen. Aber all ihr (rationales) Wissen hat nicht geholfen. Alexander, der große kleine Junge, schreckt und schreit weiter auf. Von der Symptomatik her – und sie war das Alarmsignal – kann man natürlich unter sogenannten Fachleuten wie sogenannten Laien die verschiedensten Vermutungen hinsichtlich des krankmachenden, innerseelischen Konfliktes des Kindes oder einer »Störung« anstellen. Sie alle würden eine Facette von »Wahrheit« sein. Was aber Alexander nicht wußte, weil es die Eltern selber noch nicht wußten, obwohl es jeden von den beiden zutiefst bewegte, was erst allmählich bewußtseinsnäher und schließlich bewußt werden durfte und – zur völligen Überraschung beiderseits – ausgesprochen werden konnte, war: Vater und Mutter – für jedermann ein »mustergültiges Paar« – waren, jeder für sich, dem anderen aber sorgfältig verborgen, entschlossen, ihre Ehe aufzulösen. Solange Alexander krank war, war an Trennung oder Scheidung nicht zu denken. Im Gegenteil: Die Eltern blieben in der Sorge um den Jungen verbunden.

Ich muß mich im weiteren Verlauf meiner Überlegungen unter Vernachlässigung anderer, sicherlich wichtiger innerseelischer Konflikte, »Delegationen« und Wiederholungszwänge durch mehrere Generationen, auf die für unsere Frage wichtig erscheinenden Aspekte der Erkrankung Alexanders beschränken.

Erstens: Erkrankungen, Störungen, Krisen sind Signale. Sie weisen auf eine seelische Befindlichkeit des Ganzen (beispielsweise einer Familie), nicht nur die des Symptomträgers hin, die nicht oder nicht mehr oder noch nicht bewußt ist. Im Schicksal Alexanders war es »noch nicht«, weil das Erkennen, Bewußtwerden lange Zeit nicht zugelassen werden konnte. Die Eltern hatten sich ja auf ein Ideal harmonischer Ehe verpflichtet, signalisierten das ihrer Mitwelt und wurden von ihr wiederum darauf verpflichtet.

Zweitens: Alles »Außen« hat ein »Innen«.

Das »Außen« – Alexander mit seiner Symptomatik – war das Produkt der inneren Befindlichkeit der Eltern. Und die nach außen zutage tretende Symptomatik Alexanders war das Produkt seiner inneren, in seiner Verursachung nicht bekannten Ängstigung durch den drohenden Zerfall der Elternehe. Vielleicht war in dieser Ängstigung und Panik auch etwas mitenthalten von den Ängsten der Eltern vor ihren geheimen Wünschen und den darin mitenthaltenen Ängsten vor dem Zerfall ihrer Ideale (zum Beispiel: harmonische Ehe), die vor dem unbewußt gefürchteten Zerfall der eigenen Persönlichkeiten bewahren sollten.

Drittens: »Außen« und »Innen« – Alexander und seine Eltern – wirkten wechselseitig aufeinander ein. Alexander brachte bei aller Verschlüsselung im Symptom doch recht unverschlüsselt zum Ausdruck,was im Innersten der Eltern nicht zum Vorschein kommen durfte. Und dieser »Ausdruck« führte das ohnedies als ideales Paar erscheinende noch enger zusammen. Herr K. wirkte mit seiner ihm selber zunächst ebenso unbekannten wie vor seiner Frau geheimgehaltenen Absicht auf Frau K., und Frau K. wirkte mit ihrem Geheimnis vor sich selber auf Herrn K.

Herr und Frau K. lebten bis zur Aufdeckung dieser Zusammenhänge in einer Unwahrheit, jeder sich selber gegenüber und darum auch gegenüber dem anderen. Das von außen vermittelte und dann zu eigen gemachte sowie von der Mitwelt bestätigte und bekräftigte Ideal der harmonischen Ehe »bis daß der Tod euch scheidet« engte ihre Wahrnehmungsfähigkeit ein und schnitt sie in einem zentralen Punkt von den Lebensenergien und damit von sich selber ab. Und nur das erschütternde Erleben der daraus entstandenen eigenen Lebensnot veranlaßte die K.s zur aktiven Veränderung.

Wir könnten das Schicksal der K.s noch in manche Verästelungen und Verwurzelungen verfolgen. Doch kehren wir, auch wenn es wie ein kühner Sprung erscheinen mag, noch einmal zu unserem »geplünderten Planeten« und der möglichen ökologischen Weltkatastrophe zurück. Wenn es richtig ist, was wir bei K.s erleben konnten, dann heißt das für den Zustand unseres Planeten: Er ist ein Alarmsignal von allerhöchster Dringlichkeit. Das scheinen wir, wenn auch durch alle nur denkbaren psychischen Abwehrstrategien immer wieder getäuscht, allmählich zu ahnen und zu erfassen. Vielleicht tun wir uns deshalb so schwer, weil wir ahnen oder gar wissen, daß die drohende ökologische Katastrophe ihre »Innenseite« hat: mich, Sie, alle. Warum formuliere ich so allgemein, fast abstrakt? Sagt das nicht etwas? Ja. Es zeigt meine Angst, mir den drohenden Kollaps des ökologischen Systems als Außenseite meiner eigenen Innenwelt vorzuhalten. Und erst recht meine Angst, daraus Konsequenzen ziehen zu müssen. So notwendig ökologisches Bewußtsein, ökologische Verantwortung, ausgedrückt in ökologischen Bewegungen ist, so sehr müssen wir darauf achten, unsere »Innenwelt« nicht zu übersehen und die Lösung nur im »Umweltschutz« zu suchen. Es könnte sonst sein, daß wir zwar den »blauen Himmel über dem Ruhrgebiet« schaffen, dahinter aber in einer neuen Variante der Wiederholungszwänge Biotechnologien entwickeln zur Totalmanipulation unser selbst, was den Kollaps nur auf eine andere Ebene verlagern, aber ebenso unaufhaltsam machen würde.

Ich sprach von meiner Angst, Konsequenzen ziehen zu *müssen.* Ich *muß* nicht. Das ist meine Freiheit. Ich kann Konsequenzen wollen und sie ziehen. Es sei denn, meine Angst vor dem Unbekannten und Ungesicherten, das sie mit sich bringen, wäre so groß, daß ich sie nicht überwinden könnte. Denn warum eigentlich ich, gerade ich? Und warum Sie? Und das alles mit Wechselwirkungen, wechselseitigen Durchdringungen! Wäre das Wahrheit, dem ureigensten Inneren in

Übereinstimmung mit den »Gesetzen« der Lebensenergie zu folgen – aktiv, bewußt?

Damit stelle ich noch einmal die Frage nach dem Menschen, dem Menschsein, meinem, Ihrem. Die gleiche Frage, die der unbekannte Psalmist stellte: »Was ist der Mensch ...?« Er hat sie auf seine ihm damals unter seinen Bedingungen zugängliche und mögliche Weise beantwortet: »Du hast ihn wenig niedriger gemacht als Gott, mit Ehre und Herrlichkeit hast du ihn gekrönt. Du hast ihn zum Herrn gemacht über deiner Hände Werk, alles hast du unter seine Füße getan . . .«

Sehen wir heute den Zustand unseres Planeten an, was ist davon geblieben? Was wir sehen, ist erschütternd! Da es im Gesamt des Universums die »dialektische Totalität« gibt mit ihren Wechselwirkungen und gegenseitigen Durchdringungen, muß beim heutigen Stand unserer Entwicklung gesagt werden, worum es geht: Der Mensch ist nicht (nur) »König«, dem alles zu Füßen gelegt ist zu seinem Gebrauch und Belieben. Was er tut oder läßt, entspringt *in* ihm und hat Folgen für das, was und wie er es gebraucht, beherrscht, ausbeutet – und das wiederum hat Folgen *für* ihn. Wenn er – dem biblischen Mythos nach – die »Krone der Schöpfung« ist, heißt das nach allem, was wir heute wissen: In ihm ist das ganze Universum zusammengefaßt, hat in ihm Gestalt und Gewalt, ist in ihm »inkarniert«. Der Mensch im Universum – das Universum zusammengefaßt in jedem Menschen. Ob jeder das entfaltet und entfalten kann, ist eine andere Frage. Es ist eine Frage der Bewußtwerdung seiner Stellung im Kosmos und seines verantwortlichen Einlassens auf diesen Kosmos und diesen Planeten Erde mit all seinen Lebewesen.

Ich möchte einem Einwand vorbeugen. Ich habe damit nicht behauptet, außer dem Menschen auf diesem Planeten gäbe es im Universum nicht andere »Wesen« ähnlicher oder gar höherer Art. Es ist damit nur gesagt: So, wie wir heute das Universum kennen, gibt es nur hier Menschen und ist der Mensch ein Spiegel dieses so erkannten Universums.

Nur ein Spiegel, der wiedergibt, was *ist?* »Nichts als« eine Abbildung? Lassen wir diese »Abbildung« nur einen Augenblick lang empfindend, fühlend, intuierend und denkend auf uns wirken, dann spüren wir, daß da ein Kräftepotential, ein Energiepotential, andere würden vielleicht von einem »Feld« sprechen, von ungeheuren und ungeahnten Ausmaßen ist. Um es wirklich fühlen zu können, brauchen wir uns nur vorzustellen, daß alles, was wir hervorgebracht haben, *in* uns selber ist, und das um Zehnerpotenzen mehr!

Wenn wir, die Sprache der Physik anwendend, von Potentialen oder Feldern sprechen, dann müssen wir gleichzeitig mitbedenken, daß dieses »Feld Mensch« sich des Potentiales bewußt sein *kann.* Daß dieses »Feld« die – in ihren Einzelinhalten nicht gekannten – Potentiale bewußt entfalten kann. Ja es würde heißen, je mehr Bewußtheit des einzelnen und der einzelnen sowie der von ihnen gebildeten Gesellschaften, um so stärker die Entfaltung der Potentiale, und je stärker die Entfaltung der Potentiale, um so mehr erweitert sich das Bewußtsein. »Felder«, »Potentiale«, »Energien« kann auch der Physiker nur an Wirkungen erkennen.

Lassen wir uns nur einen Augenblick auf diesen Prozeß der Selbstwahrnehmung ein, spüren wir die unausweichliche Revolution menschlichen Seins und Bewußtseins: Jeder Mensch wirkt auf das gesamte Universum zurück, steht in einem unumgänglichen dialektischen Verhältnis zu ihm. Nicht nur dank seiner Taten oder Untaten (wie in der zweiten Schöpfung), sondern schon dadurch, wie er ist: durch die Art und Weise, wie er sich lebt oder nicht lebt, das heißt sich fühlt, empfindet, denkt, durch seine Einstellung zu sich, zum anderen und zur Welt und ob und wie er das alltäglich in seine Lebenspraxis umsetzt.

Versuchen wir, das in einer Analogie zu Naturvorgängen deutlicher zu machen. Wir alle kennen zum Beispiel die

Bedeutung unserer Wälder für die Sauerstofferneuerung der uns umgebenden Luft. Oder, um noch einen Schritt weiterzugehen: Pflanzen können Mangan in Eisen verwandeln – wir brauchten für die dazu notwendige Kernfusion gigantische Teilchenbeschleuniger mit riesigen Energien (vgl. Duhm, Synthese der Wissenschaft). Ich riskiere deshalb zu sagen, der Mensch als die Zusammenfassung und Verdichtung aller im Kosmos wirkenden »Energien« vollziehe ständig »Kernspaltungen« und »Kernfusionen« lebensfördernder oder lebenszerstörender Art. Jeder Mensch. Jeder in seiner Art. Und jeder mit Wirkung auf das Ganze. Jahrtausendelang haben wir das, was *in* uns ist, nur nach außen projiziert. Und nur dort zu »lösen« versucht. Angefangen von unseren Gottesvorstellungen und den daraus abgeleiteten Religionen und Konfessionssystemen bis hinein in alles das, was uns heute umgibt, bedrohlich oder förderlich. Es ging nicht anders im Prozeß der Bewußtwerdung. Heute, hier und jetzt, kommt es darauf an, diese Spaltung aufzuheben: Nicht hier ein »Draußen«, da ein »Innen«. Alles ist eines, das Draußen ist Innen, das Innen ist Draußen. Ich bin ein »Molekül« oder ein »Teilchenbeschleuniger« des Ganzen, und von meiner Beschaffenheit gehen ungeahnte Wirkungen aus. Und: Ich bin für meine »Beschaffenheit« verantwortlich! Es ist nicht nur meine Privatsache, wie glücklich, das heißt im Einklang mit mir ich mich fühle und wie gesund ich bin. Nein, ich betreffe den Kosmos und der Kosmos betrifft mich. Denn alles, was ist, ist »Energie«. Und »Energie« wirkt.

Wenn Karl Marx Hegels Satz umgedreht und gesagt hat, das Sein bestimme das Bewußtsein, so war das zu seiner Zeit richtig und ist es in irgendeiner Weise auch noch. Aber der Satz bedarf der Ergänzung: Das Bewußtsein, das bewußte *Sein* bestimmt das Sein: Sein im Sinne von Verwirklichung des Lebens, anders ausgedrückt: Inkarnierung.

Einer von den derzeit vier Milliarden Menschen sind Sie, einer bin ich. Ein winziges Etwas in einem Milliardengefüge auf diesem Planeten, der selber ein winziges Etwas ist in einem Milliardengefüge von Milliardengefügen.

»Ich bin.« Das kann ich wahrnehmen und wissen. Und ich kann wissen, daß ich weiß. Wissen, daß ich weiß, das unterscheidet den Menschen von jeglicher Kreatur oder Materie.

»Ich bin«, aber »habe« ich mich?

Das heißt, habe ich das in mir entfaltet, was in mir ist? Habe ich das aus mir gemacht, was ich sein könnte? Ich meine das gar nicht in einem vordergründigen, also zum Beispiel beruflichen Sinne. Ich meine das im kosmischen Sinne. Im Sinne meiner kosmischen Identität. Kosmische Identität ist größtmögliche Entfaltung meiner selbst im Einklang mit dem Prinzip »Leben«. Und in *diesem* Sinne könnte ich nur sagen: »Ich bin – also werde und lebe ich mich.« Aber wer ist das wiederum, dieses »Ich«? Ich, dieser Mensch, zu dieser bestimmten Zeit geboren von *diesen* Eltern, mit oder ohne Geschwister, als Mann oder als Frau, mit Potentialen, von denen ich nichts Genaues weiß, mit Grenzen, die ich fühle – lebend in dieser Gesellschaft und mit der Gewißheit, eines Tages sterben zu werden. Und in dieser Spanne, zwischen Geburt und Tod, ist mir aufgetragen, *mich* zu verwirklichen. Denn eines scheint mir aus der Tatsache meiner Existenz gewißt: Daß ich bin, hat seinen Sinn darin, daß ich mich *werde:* dieser eine, so und nicht anders ausgestaltete Mensch. Woher ich diese Überzeugung habe? Ich kann das wiederum nur in einer Analogie sagen: Jede einzelne Zelle meines Organismus hat ihre ganz spezifische Aufgabe, so im gesamten Organismus meines Körpers zu wirken und sich zu erneuern, wie sie wirkt. Versuche ich, mich als winzigste Zelle im Gesamtorganismus Menschheit – und ich kann es nicht anders – zu sehen, dann ist diese meine »Zelle« und ihre Beschaffenheit jetzt, hier und heute, für den Gesamtorganismus lebensnotwendig.

Es gibt nur einen, der so ist und so werden kann wie Sie: Sie; wie ich: mich. Niemand sonst hat in dieser Konstellation und Kombination von Ermöglichungen oder Erschwerungen haargenau die gleichen Potentiale physischer wie psychischer Art wie Sie oder wie ich. Man mag zur Astrologie als der ältesten aller Wissenschaften vom Menschen stehen, wie man will: sie zeigt, daß keine einzige »Geburtskonstellation« einer anderen gleich ist.

Selbstverwirklichung – für manche ein Modewort, für manche bereits ein angsterregendes Gespenst oder eine Illusion – meint nicht nur die Befreiung von Zwängen allerlei Art, inneren oder äußeren. Sie ist Antwort auf mein Dasein als dieser nur von mir in dieser Art zu verwirklichende Kosmos im Universum. Sie meint die Aufgabe, meine kosmische Identität zu finden, zu leben. Für jeden von uns ganz gleich; in der Art verschieden. Ganz verschieden.

Im drohenden Kollaps des ökologischen Systems unseres Planeten Erde kommt nicht ein »Schicksal« oder das planmäßige Wirken finsterer Mächte zum Ausdruck. *Wir sind* es. Wir, mit unseren Ängsten, Hoffnungen, Wünschen, Ansprüchen, Unerlöstheiten. Wir mit unseren ungelösten inneren Aufgaben, zu deren Lösung wir geboren sind: Sie mit Ihrer »Ausstattung«, ich mit meiner. Würden wir das annehmen, wir würden auch das Glück erfahren, *dieser* unverwechselbare Mensch zu sein.

FRÜHE SIGNATUREN

Seelische Erfahrungen vor der Geburt

Wer lebt, ist geboren worden. Das ist selbstverständlich. Aber daß gerade *ich* geboren bin und lebe, ist gar nicht selbstverständlich. Wer geboren ist, ist unveränderbaren Grundbedingungen oder Gegebenheiten unterworfen: daß er überhaupt *ist,* daß er in einem *Geschlecht* ist, dem Wechsel und Wandel und der Vergänglichkeit unterworfen, angewiesen und angelegt auf andere und mit diesen in wechselseitigen »Interaktionen« oder »dialektischen Verhältnissen«. Er ist schon selber ein »Ganzes« und doch wiederum nur Teil eines Ganzen, das ohne ihn, derzeit, nicht das Ganze wäre.

Vielleicht ist er das schon, *ehe* er geboren ist. Wir wissen heute zum Beispiel, daß die »Sprößlinge« im Mutterleib schon ab dem dritten Lebensmonat »hören«, das heißt durch Pulsschlag, Bewegungsrhythmus und über Knochen- und Flüssigkeitsleitung die Stimme der Mutter wahrnehmen, die sie postnatal (nach der Geburt) wiedererkennen. Wir wissen auch, daß sie geraume Zeit vor der Geburt sehen können (unklar ist nur, ob sie auch schon Farben unterscheiden). Wer für Fragen der Pränatalen (vorgeburtlichen) Psychologie offen und zugänglich ist, wird fast unglaublich Klingendem begegnen aus dem intensiven psychischen Austausch- und Wechselprozeß zwischen Sprößling (Fötus, vielleicht sogar schon Embryo) und Mutter. Der jetzt in Bern lebende Psychoanalytiker Dr. Gustav Hans Graber, Begründer der »Pränatalen Psychologie«, einst verspottet und belächelt wegen dieser »Unwissenschaftlichkeit« und erst im hohen Alter auch wissenschaftlich anerkannt, zieht aus seinen jahrzehntelangen Forschungen den Schluß: »Alles nachgeburtlich-seelische Suchen und Streben geht letztlich in der Richtung auf das bewußte oder überbewußte Selbst, als einer Einheit des Erlebens, verwandt jener, wie sie dem Ungeborenen unbewußt zu eigen war und dem Geborenen bis zum Tode im tiefsten Grunde seines Unbewußten als das wesenhafte Seelische zu eigen bleibt.« Und: »Je besser wir die Anfänge des Seelenlebens kennen, desto mehr wird uns das

Gewordene verständlich. Im nachgeburtlichen Leben bleiben die vorgeburtlichen seelischen Speicherungen fast völlig unbewußt, sind aber dauernd bis zum Tode als Grundströmung im Fluß unseres Seelenlebens wirksam« (G. Graber/ E. Kruse, Vorgeburtliches Seelenleben).

Ich habe bei einem Kongreß der »Internationalen Studiengemeinschaft für prä- und perinatale Psychologie« den Amateurfilm einer holländischen Künstlerin »Die schwarze Milch des Morgens« gesehen. In diesem Film versucht die Künstlerin, Träume zu gestalten, in denen sie ihr vorgeburtliches Drama nacherlebt und aufarbeitet. Sie war durch eine Notiz in ihrer Tageszeitung auf sich selber aufmerksam geworden. Die Notiz stellte die Frage, ob ein Embryo schon ein voller »Mensch« sei und wer verantwortlich oder die Ursache dafür sei, wenn einer von ursprünglich Zwillingen abgeht. Daraufhin war sie in einer Analyse ihrem eigenen Schicksal nachgegangen, um endlich die quälende Frage zu klären, wer denn ihren Zwillingsbruder abgetrieben habe, sie oder ihre Mutter oder wer sonst. Die mit den Mitteln des Filmes dargestellten Träume und Erlebnisse aus dieser Analyse zeigen mit atemberaubender Eindrücklichkeit das intrauterine (in der Gebärmutter) Drama und seinen Ausgang.

Aus meiner Supervision (Kontrollgespräche des Lehranalytikers mit Therapeuten in der Ausbildung) einer Kinderbehandlung durch eine Kollegin kenne ich die im Laufe der Behandlung völlig unbewußt entstandene Kritzelei, in der das Kind das Drama der versuchten Abtreibung durch die Mutter darstellte. Die Kollegin ging in sehr einfühlsamer Weise auf das vom Kind Angebotene ein und vermittelte so dem Kind eine neue Erfahrung. Dann sprach sie – in der »begleitenden Psychotherapie der Beziehungspersonen« – der Mutter gegenüber ihr Erleben des Kindes und seiner Zeichnung aus. Die Mutter, völlig überrascht, weil sie den tatsächlichen Versuch vergessen hatte, konnte dann unter schweren inneren Erschütterungen die Zusammenhänge wieder rekonstruieren: Sie stimmten bis ins Detail überein mit dem, was in der »Kritzelei« dargestellt und verschlüsselt vom Kind dazu gesagt worden war.

Und noch ein Beispiel: Eine jüngere Kollegin, die ein Kinderheim leitet, berichtet eines Tages, daß sie heute (nach ihrem Urlaub) besondere Angst vor der Analyse gehabt habe. (Die Analyse hatte sie wegen einer besonderen akuten Belastung gesucht.) Es sei ihr nämlich in ihrem Urlaub zeitweilig sehr schlecht ergangen, sie habe intensive Vergiftungsängste gehabt, wenn Walderdbeeren serviert worden seien; sie könnten Tollwuterreger haben.

Wie sie es sagt und wie ich mich dabei erlebe, das bringt mich zu dem Gefühl, es habe mit Schwangerschaft und ihrer Geburt zu tun. Zunächst erinnert sie davon nichts, sie weiß nur, daß sie – entsprechend den damaligen Überzeugungen – nach ihrer Geburt viele Monate nachts nichts zu trinken bekommen habe. Schließlich fällt ihr ein Traum ein: Vor der Bahnsteigsperre ihres Heimatbahnhofes ist eine große Nachbildung der nördlichen Erdhalbkugel. Auf »Nordamerika« liegt ein Baby und schreit und zappelt, als wolle es sagen, es könne doch nichts dafür, daß es *da* sei. Aber es kann ja nichts sagen, nur schreien und zappeln. Da kommt ein Mann, ganz in Weiß, zornig und schimpfend, wütend, daß das kleine Wesen keine Ruhe gibt. Dann fällt ihr ihr Vater ein, der immer im langen weißen Nachthemd zu ihr kam, zornig, weil sie die depressive Mutter störte. Und dann fällt ihr ein siebenjähriger Junge aus ihrem Heim ein, den sie gerade behandelt. Der Junge spielt seit vielen Stunden in der Therapie »Geburt«: Er ist der Arzt, der der Mutter (Therapeutin) den Bauch aufschneidet, das Kind herausholt und zur Mutter sagt: »Du kriegst es noch nicht, das Kind ist vergiftet, ich muß es erst entgiften. Und dann kriegt es Augentropfen.« Die Therapeutin bekam Herzbeklemmungen, atmete kaum noch. Der »Arzt« meinte: »Jetzt ist das Baby tot, weil du nicht geatmet hast.« Am Ende dieser Stunde meinte der Junge, er spiele das nie wieder. Er spielte nach den Ferien zunächst etwas anderes, seit einigen Stunden aber wieder dieses Geburtsspiel. – Noch eine Stunde nachdem sie mir die Geburtsszene geschildert hatte, hatte die Therapeutin Herzbeschwerden. Später sagte sie zu mir: »Vielleicht hat das auch mit meiner Geburt zu tun.«

Anzumerken wäre, daß sie unmittelbar nach der Heirat ihrer Eltern empfangen und – wie übrigens alle ihre Geschwister – bereits nach acht Schwangerschaftsmonaten geboren wurde.

Stanislav Grof berichtet in seinem Buch »Topographie des Unbewußten – LSD im Dienst der tiefenpsychologischen Forschung« (1978) von ungemein beeindruckenden Erlebnissen der Geburt und des vorgeburtlichen, intrauterinen Geschehens. Aus meiner eigenen Erfahrung klingt das alles sehr überzeugend.

Ich glaube, daß den Fragestellungen und Ergebnissen der prä- und perinatalen (mit der Geburt zusammenhängenden) Psychologie bislang viel zuwenig Beachtung geschenkt wurde, auch und gerade durch die Psychoanalyse nicht.

Für die Psychoanalyse hat das natürlich mit Freuds Denkansatz zu tun. (Für Freud stand im Mittelpunkt seines Interesses die sexuelle Triebentwicklung, fast Triebphysik und Triebmechanik und der daraus sich ergebende notwendige Aufbau des »psychischen Apparates« mit seinen »Instanzen« »Es« [= Triebe, Unbewußtes], »Über-Ich« [= Normen, »Gewissen«] und »Ich« [= Bewußtes, Wahrnehmungs- und Steuerungsinstanz].)

A. Janov versucht in seiner Urschrei-Therapie alles auf die unglaublich notvolle Primärsituation der Geburt mit allen ihren Bedrohungen und die früheste Zeit danach zurückzuführen.

Obwohl ich nur wenig eigene Erfahrung im therapeutischen Umgang mit prä- und perinatalen Dramen habe, bin ich sicher, daß sie von außerordentlicher Bedeutung für das nachgeburtliche Leben sind. Vielleicht ist gerade das *ein* Grund, daß die Wissenschaft diesen Fragen so wenig Bedeutung zugemessen hat? Weil wir hier nichts »machen« konnten? Weil noch keine Erziehungsleistung eingreifen konnte? Weil wir uns in dieser Begegnung mit dem angeblich paradiesischen Zustand im Mutterschoß den extremsten Abhängigkeiten vom Zustand unserer Mutter ausgesetzt sähen?

Wenn ich mein eigenes Leben bedenke, dann bin ich sicher: Noch ehe der Mensch geboren wird, wirkt die »Außen-Welt« auf ihn, er auf die Außenwelt ein. Und da die »Außenwelt« (trotz der symbiotischen Einheit von Mutter und Kind) nicht *nur* die schwangere Frau ist, sondern zu einer schwangeren Frau immer ein Mann gehört, ganz gleich in welcher sozialen Konstellation, sowie die soziokulturelle Umgebung, das Milieu und die Zeit, in denen sie lebt, wirkt ein ganzes Bündel von Interaktionen auf den Sprößling und durch den Sprößling auf das Bündel von Interaktionen. Ich denke, es wäre gut, sich das klarzumachen, einerseits, um Mutterschaft und Mutter und Kind besser verstehen zu können, andererseits, um nicht der gängigen Mystifizierung oder Dämonisierung der Mutter zu erliegen.

Viele Äußerungen in Psychoanalysen, verbale, zeichnerische oder szenische, gelten uns Psychoanalytikern als »Phantasien«, die »in einer durch Abwehrvorgänge mehr oder weniger entstellten Form die Erfüllung eines Wunsches, eines letztlich unbewußten Wunsches, darstellen« (Laplanche/Pontialis, Das Vokabular der Psychoanalyse). Denken wir aber an den kleinen Jungen mit seinen Kritzeleien. Man kann sie als Phantasie ansehen. Gut. Aber *was* er gekritzelt hat, erwies sich als verschlüsselte Erinnerung! Sind vielleicht viele, die meisten sogenannten »Phantasien« verschlüsselte Erinnerungen ganz realer, vor- und nachgeburtlicher, dramatischer Erlebnisse und Geschehnisse?

Das »Drama« des Lebens beginnt nicht erst mit dem »Drama des begabten Kindes« (Alice Miller). Dieses Drama besteht nach Alice Miller darin, daß das »wahre Selbst« – was immer das ist – sich in der Isolierhaft des falschen Selbst befinde. Das »falsche« Selbst entstehe dadurch, daß das Kind schon sehr früh sich den Bedürfnissen seiner Eltern anpasse, indem es lerne, seine intensivsten, aber eben von den Eltern – oder einem von ihnen – unerwünschten Gefühle *nicht* zu fühlen. Da aber diese unerwünschten Gefühle wie Neid, Angst, Verzweiflung, Zorn, Empörung im weiteren Leben nicht immer vermieden werden können, blieben sie, weil eben unerwünscht, abgespalten. Das hat zur Folge, daß vitalste Teile des »wahren Selbst« nicht in die Persönlichkeit integriert werden können und dürfen. Das aber wiederum führt zu emotionaler Verunsicherung und Verarmung. Mehr noch: zu einem Selbst-Verlust, weil eben das, was zu einem gehört, nicht sein darf. Was zwangsläufig zu Depression führt. Ich möchte Depression in diesem Sinne verstehen als »Hinabsteigen zum eigenen Grund«, zu den Tiefen meines Wesens – das ist, nach meinem Verständnis, ihr »Sinn«, ihr Signal! Wenn ich aber gar nicht fühlen *darf,* daß mein Wesen, das, was ich wirklich bin, nicht sein darf, kann die Gefahr bestehen, daß ich eben in dieser Trauer um mein Wesen steckenbleibe: »Wehmütig grüßt der, der ich bin, den, der ich sein könnte« (Kierkegaard). Einen Schein-Ausweg gibt es – nach Alice Miller –, das ist der in die »Grandiosität«. Grandiosität würde in diesem Sinne heißen: Schon allein deshalb, *weil* ich bin, *wie* ich bin, mit diesen Eigenschaften, habe ich alle nur denkbare Verfügungsmacht über die anderen. Ich bin der Größte, Weiseste usw. Alle müssen mich bewundern und mich verehren. Und wenn sie das nicht tun, um so schlimmer für – ja für wen? Für mich, den Grandiosen, der nur so leben *kann,* wenn die anderen mich bewundern, mir völlig zu Diensten sind.

Um diese zentrale Schädigung – »falsches« statt »wahres« Selbst – zu vermeiden, kommt es entscheidend auf die einfühlsame Mutter an, die das Kind das sein und ausdrücken läßt, was es ist und empfindet, und deren Leuchten im Auge – der »Glanz im Auge der Mutter« – das Kind spiegelt: nicht Bewunderung wegen irgendwelcher Eigenschaften, sondern Liebe.

Ohne Zweifel, das ist von sehr zentraler Bedeutung. Aber so wichtig das für die postnatale Zeit ist, zwei Aspekte sollten nicht übersehen werden. Zum einen: der »soziale Uterus« für die – im Vergleich zu anderen, höheren Säugetieren – »Frühgeburt Mensch« (A. Portmann) ist eben nicht nur die Mutter, sondern das ganze Umfeld, also auch von Anfang an der Vater. Und zum anderen: Das psychische Leben beginnt nicht erst mit der Geburt. Es beginnt – ja, wann?

Mit der Befruchtung und ersten Zellteilung? Dem steht entgegen, daß fast die Hälfte aller befruchteten Eizellen in den ersten Wochen zugrunde gehen. Und es fällt sehr schwer, anzunehmen, daß diese »Keimlinge« schon »Menschen« waren, die nicht über dieses erste Stadium hinausgekommen wären. Oder beginnt es mit der morphologischen Bildung des Großhirns? Jeder Versuch einer exakten Zurechnung erster Momente des Beginns menschlichen Lebens zum (späteren) personalen Daseinsganzen muß scheitern. Wann immer mein »Beginn« angesetzt wird: einmal war ich »nichts«, dann war ich noch nicht (beginnende »Gestalt«), und dann wurde das, was schließlich mit meiner Geburt seinen definitiven Anfang nahm. Irgendwann – nach drei Lunarmonaten, bei der sogenannten Einnistung in die Gebärmutterwand ein aus etwa 150 Zellen bestehendes Keimbläschen – nahm »es« physisch, psychisch und geistig seinen Anfang. Und spätestens von da an – weil es *ist* – wirkt es und löst Wechselwirkungen aus! *Inter*psychisch (zwischenseelisch), intrapsychisch (innerseelisch) kosmisch. Und zwar auf eine Weise, die es niemals vorher gab und niemals in der gleichen Weise mehr geben wird. Gar nicht geben *konnte* und geben *kann!* Warum? Weil diese Samenzelle und dieses Ei im Augenblick der Vereinigung ein ganz bestimmtes genetisches Potential konstituieren.

Dieses Potential enthält bereits *alle* Informationen dessen, was sich *biologisch* in diesem individuellen Organismus entwickeln *kann.* Es ist – sozusagen – die biologische »Verschlüsselung«, der Code, des jeweiligen Lebens. *Dieses* Lebens. Denn bei aller Ähnlichkeit ist zum Beispiel kein Geschwister wie das andere, obwohl doch die Erbmasse der Eltern die gleiche ist.

Schon die Zellkerne gleichen, was Zahl, Form und Struktur ihrer Chromosome betrifft, keinen Kernen irgendeines anderen Eis. Und wenn man die Zellkerne mit dem Zelleib zusammen als Ganzes betrachtet, erkennt man den jungen Keim als ein einmaliges ursprüngliches Lebewesen (vgl. Erich Blechschmidt).

Offenbar wirken zahllose Faktoren im Augenblick von Zeugung und schließlicher Empfängnis – das heißt Samen- und Eivereinigung – *mit* und ein, zum Beispiel die situative *Befindlichkeit* von Mann und Frau, das heißt nicht nur ihre biologische, sondern auch ihre *psychische* und geistige Verfassung. Die *psychische* Befindlichkeit der »Eltern« aber, die im Augenblick der Samenausstoßung und der Bereitstellung eines (schließlich befruchteten) Eies da war, wird so niemals wiederkehren.

Meine Frau und ich waren beim zweiten und erst recht beim sechsten Kind sozio-psycho-physisch andere als beim ersten, obwohl wir die »gleichen« waren. Nicht nur, daß wir einige Jahre jünger bzw. älter waren. Bei der Geburt des ersten Kindes lagen Krieg und meine Kriegsgefangenschaft, die Schrecken der NS-Zeit mit all dem Grauen erst wenig mehr als zwei Jahre hinter uns. Die Nachkriegszeit mit all ihren Nöten, Entbehrungen, aber auch all ihren Hoffnungen für eine bessere, humanere Zukunft hatte uns Lebensmöglichkeiten gegeben. Ich arbeitete als Abiturient (mit einem sogenannten Reifevermerk aus dem Jahre 1941) zu dieser Zeit in einer Erwachsenenbildungsbewegung zur »Erneuerung des Menschen«. Bei der zweiten Geburt – wenige Monate nach der »Währungsreform« – hatte ich gerade mein erstes Studiensemester hinter mir. Und bei der Geburt des sechsten Kindes arbeitete ich – inzwischen promovierter »Staatswissenschaftler« und im sogenannten »Wirtschaftswunder« – in der Personalabteilung eines Unternehmens mit wiedererlangter Weltgeltung. Meine Frau hatte – um einem schwerbeschädigten Mann einen Arbeitsplatz frei zu machen – ihre berufliche Tätigkeit aufgeben müssen, war »Hausfrau und Mutter«. Sie war von sechs Schwangerschaften und Geburten und durch die Belastung durch die Kinder stark strapaziert und physisch stark beeinträchtigt. Sie *mußte* sich als Mutter ihrer Kinder und nach unserer damaligen Auffassung selbst immer mehr zurückstellen mit der unausweichlichen Folge, daß sie sich immer mehr von ihrem Mann her definieren mußte, während ich die Möglichkeit hatte, mich von meinen beruflichen und politischen Tätigkeiten her scheinbar selber zu definieren.

Niemals wiederkehren wird die Befindlichkeit der Mutter, wie sie jeweils in *dieser* Schwangerschaft war. *Es gab* kein Paar in der Paarung *vor* diesem Augenblick, das das gleiche genetische Potential konstituierte, und es wird niemals eine gleiche »Paarung« – auch nicht beim gleichen Paar – mit der Folge des genetischen Potentiales geben, aus dem ich geworden bin und weiter werde.

Das »vorgeburtliche Seelenleben« prägt nach meiner Erfahrung mit mir selber und nach meinen Beobachtungen in der psychoanalytischen Arbeit die Grundformen des nachgeburtlichen Erlebens. Vielleicht zieht Vorgeburtliches spätere Ereignisse gleichsam an.

Nehme ich mich. Meine Muter wurde *nach* meiner für uns beide sehr dramatischen Geburt, an der sie beinahe verblutet wäre, völlig überrascht von der Mitteilung des geburtshelfenden Arztes, daß da »noch etwas sei«. Und tatsächlich wurde eine Stunde nach mir meine Zwillingsschwester geboren. Vor uns waren zwei Schwestern geboren. Was mag meine Mutter und meinen Vater während meiner fötalen Zeit bewegt haben – mit »uns«, von denen sie nichts wußten? Ich kann sie nicht mehr fragen, und unser einziges sehr persönliches Gespräch, in dem ich meiner Mutter den nahen Krebstod meiner Zwillingsschwester mitteilen mußte, gab darüber keinen Aufschluß. Meine Mutter starb wenige Wochen nach dem Tode meiner Zwillingsschwester. Wie hat sie das, was da in ihr wurde, erwartet? Sie, die (rational) Ahnungslose, die *ein* Kind erwartete und zwei austrug? Sie, an deren Geburtsfolgen die eigene Mutter schließlich gestorben war?

Und was war mit mir, der ich, sozusagen ab ovo, das Geheimnis »kannte«, das meine Mutter, mein Vater und die beiden älteren Schwestern nicht kannten? Soll das alles keine Wirkung gehabt haben und keine Wechselwirkung? Und das bereits fötal? Ich bin sicher, daß das mein Leben, die Berufswahl und innerhalb meiner Behandlungstätigkeit meine Aufmerksamkeit sehr bestimmt und färbt. Zum Beispiel auch die Wahl des Themas dieses Buches »Jeden gibt's nur einmal«, aber auch meine schon sehr weit zurückreichenden, oft extremen Versuche, mich als »Individualität«, »Originalität« oder »Souveränität« zu leben und zum Ausdruck zu bringen. Das zieht sich als *ein* roter Faden durch die Kindheit, Gymnasial-, Soldatenzeit, meine Nachkriegsengagements, meine Studienzeit, Berufsarbeit, den Berufswechsel durch. Oft in produktiven Lösungen, oft in allerlei Merkwürdigkeiten und Überheblichkeiten.

Ich will dem, was ich von mir selber sagte, noch einige Erfahrungen aus dem Umgang mit anderen Schicksalen hinzufügen.

Da ist eine Frau am Beginn ihres sechsten Lebensjahrzehntes. *Cordula* ist ihr ganzes bisheriges Leben das quälende Gefühl nicht losgeworden, in dieser Welt völlig fehl am Platze zu sein. Und das, obwohl sie genügend Grund hätte, auf sich stolz sein zu können. Während der Schwangerschaft mit Cordula starb der selber früh verwaisten Mutter ein Sohn. Und die Mutter berichtete ihrer Tochter, wie oft sie während der Schwangerschaft mit ihr »gedacht« habe, wie gut es für das in ihrem Leib Werdende wäre, wenn es bei so viel Trauer der Schwangeren nicht geboren werden würde! Verständlich von der Mutter her, und doch: Vom Sprößling her gesehen als unbewußter Abtreibungsversuch erlebt! »Mich will niemand haben. Ich möchte (und das nach einigen Ehejahrzehnten!) *einmal* erleben, daß man *mich* haben will, *mich* meint.«

Das ist ein Beispiel aus einem Schicksal, das keinen wirklichen Abtreibungsversuch kennt. Aber es bestätigt sich darin auf dramatische Weise, was der Humangenetiker Walter *Fuhrmann,* sagt: Die Gefährdung des Ungeborenen sei die größte Gefährdung im menschlichen Leben überhaupt. Zum einen wegen der extremen Abhängigkeit von den biologischen Faktoren, das heißt ob die »Erbinformationen« ausreichen, damit der werdende Mensch biologisch bis zur Geburtsfähigkeit überhaupt ausreifen *kann.* Und zum anderen ist das Überleben davon abhängig, ob der biologische Organismus der Schwangeren das zuläßt, wie er es zuläßt und wie die physiologischen *und* psychischen Gegebenheiten der Mutter, ihre Einstellungen und »Stimmungen« sich auswirken. Und das ohne jeden Ausweg!

Die Art und Weise der Gefährdung des Kindes während der Schwangerschaft wird sich in allen Lebenssituationen vermeintlicher oder tatsächlicher Gefahr wiederfinden lassen.

Da ist ein junger Mann, Anfang 20, in einer schweren *Identitätskrise* und mit panikartiken Angstzuständen, die sein auf dem zweiten Bildungsweg angestrebtes Abitur bedrohen. Im Laufe der Analyse sagt er: »*Bevor* ich noch diese Luft atmete und das Licht dieser Welt erblickte, verlor ich einen Menschen, einen Bruder, mit dem ich wohl aufs engste verbunden gewesen wäre. Drei Monate nachdem unser Anfang gesetzt worden war, ging er ab (durch Abort). Er durfte nicht leben, er durfte keinen Namen bekommen, ich will ihm einen geben . . . Er lag neben mir (im Uterus) mit allen Anlagen, ein Mensch zu werden.«

Freilich ist das keine »Erinnerung« im klassischen Sinne. Aber wenige Andeutungen der Mutter haben ihm diese Zeit in qualvollen Bildern, Ängsten, in seinen seit dem zweiten Lebensjahr einsetzenden asthmatischen Attacken im gegenwärtigen Erleben allmählich so nahe kommen lassen, daß er darin seine ständig erlebte Lebensgefährdung, seine Nichtigkeit und seine verzweifelten Versuche, dem zu entkommen, erkennen konnte. An späterer Stelle seines Berichtes sagt er: »Dieser Bericht meines Lebens hat die Ursache in der Angst; in der Angst, von Menschen getötet zu werden oder an einer Hirnblutung zu sterben.«

Und noch ein letztes Beispiel: Da wächst ein Mensch im Schoße seiner Mutter und wird eines Tages ins Leben treten, obwohl – nein, *weil* die junge Frau zum Zeitpunkt der Schwängerung an Krebs erkrankt war. Mann und Frau hofften, durch Schwangerschaft und Geburt die tödliche Erkrankung verlangsamen oder gar zum Stillstand bringen zu können. Freilich, weder Schwangerschaft noch Geburt konnten den tödlichen Ausgang der Erkrankung verhindern. Die Mutter starb wenige

Jahre nach der Geburt dieses Kindes. Aber es ist wohl leicht einzufühlen, welche Hypothek auf einem solchen Kind lastet.

Durch die Fortschritte der biotechnischen Wissenschaften sind wir heute in der Lage, schon frühzeitig etwaige Mißbildungen des Sprößlings durch Fruchtwasserentnahmen und -analysen zu erkennen. Der Fötus reagiert sichtbar auf diesen Eingriff. Und wie wirkt dieser Eingriff auf seine Psyche? Der Eingriff wird ja gemacht, um entscheiden zu können, ob die Schwangerschaft abgebrochen wird oder nicht. Sollte das ganz und gar ohne jede Wirkung bleiben? Was ihm durch den totalen Zusammenhang mit seiner Mutter »mitgeteilt« wird, heißt doch: »Wenn du nicht so wirst, wie ich/wir dich haben will/wollen, darfst du nicht leben.« Ich denke, bei aller Verantwortung für das Kind sollten wir *auch* an diese Seite denken.

Und wie war meine Geburt? War sie eine sogenannte »spontane«, das heißt ganz aus den Eigengesetzlichkeiten der Natur heraus? Ein von der Natur vorbereiteter und mit ihr im Einklang gehender Eintritt in die Welt, als eigenständiges Wesen? War sie eine »eingeleitete«? Warum und wie? Gab es Komplikationen? Welche? War es eine »Sturzgeburt«, ein Sturz in diese Welt? War es eine Zangen-Geburt (was griff denn da nach mir)? War es die Saugglocke, die mich holte? Oder war es gar das Skalpell bei einer Schnitt-Geburt (im Volksmund: »Kaiserschnitt«), das mich meiner vollnarkotisierten Mutter entnahm? Was weiß sie jetzt von diesem für uns beide so ungeheuer wichtigen Ereignis? War das unabweisbare Not? Wessen Not? Meine, meiner Mutter, der Hebamme, des Arztes? Oder war es bequem für meine Mutter und den geburtshelfenden Arzt? Oder gar chic, so zu gebären? Oder war es das größere Vertrauen in die apparative Medizin als zu der eigenen Kunst und Kraft, in einem vollelektronisch überwachten Kreißsaal? Fand sie zu Hause statt? Konnte mein Vater dabeisein? Wollte er das, sollte er das? Wollte es meine Mutter?

Mein »erster Schritt in die Welt« – das ist meine Geburt und meine erste direkte Begegnung oder mein Zusammenstoß mit der Welt. Ohne Eindrücke, bleibende Erfahrungen? O nein! Mit tiefgreifenden Folgen für mein Verhältnis zu mir und zur Welt!

Ich habe durchweg ganz selbstverständlich von zwei Aspekten der Embryogenese gesprochen: vom biophysischen und vom psychischen. Das könnte so aussehen, als käme das, was wir später »Geist« nennen, erst nach der Geburt hinzu. Die geistigen Strukturen bauen sich – wie der kürzlich verstorbene große französische Psychologe Jean Piaget nachzuweisen versuchte – stufenweise erst im Laufe der menschlichen Entwicklung auf. Aber was nicht potentiell schon vorhanden ist, kann sich nicht entfalten. Also sind sie schon immer da. Denn alle drei Aspekte des Menschen – Körper, Seele, Geist – sind Erscheinungsformen ein und derselben »Lebensenergie«.

Wenn ich den körperlichen Aspekt der fötalen Entwicklung weitgehend vernachlässigt habe, dann aus gutem Grund: Die biologische Matrix ist unbestreitbar und damit *auch* meine biologische »Einmaligkeit«.

Ich habe dann – mit den aus Erfahrungen gewonnenen Annahmen der pränatalen Psychologie – von einem vorgeburtlichen Seelenleben gesprochen. Mir scheint dieses Gebiet von den bisherigen Psychologien so sehr vernachlässigt, daß ich deshalb mit allem Nachdruck, wenn auch mit wenig Beispielen, auf diese Phase des Lebens hinweisen wollte. Wie aber kann man verstehen, daß vorgeburtliches Leben und Erleben solche Spuren hinterläßt, daß es ein Grundmuster des nachgeburtlichen Lebens wird?

Ich hatte schon auf die extreme Abhängigkeit und Gefährdung des Menschenkindes im Mutterleib hingewiesen. Mit dieser totalen Abhängigkeit ist auch eine wehrlose »Offenheit«, eine besondere Formbarkeit der Psyche verbunden. Gehen wir noch einen Schritt weiter:

Aristoteles, den man den »Vater der abendländischen Wissenschaft« nennt, behauptet, allem Lebendigen wohne ein Formprinzip inne, und zwar so, daß es zum Beispiel den Organismus zur Selbstentwicklung bringe. Er nennt dieses Formprinzip »Entelechie«, das heißt etwas, was sein Ziel in sich hat. Nach seiner Auffassung ist die erste Entelechie eines lebensfähigen Körpers das, was wir *Seele* nennen.

Dieses Theorem ist in der Neuzeit unter anderem von Leibniz und Goethe wiederaufgenommen worden. Im naturphilosophischen System von Driesch ist »Entelechie« ein »ganzheitsstiftender und prozeßsteuernder Faktor im organischen Geschehen . . ., der das Ziel seines Wirkens in sich trägt und die besondere Werde-Gesetzlichkeit der lebenden Körper bedingt« (vgl. Brockhaus, Bd. 5). Wenn es aber so ist, scheint mir die Annahme naheliegend, daß diese Entelechie die »Außeneinflüsse« registriert, sie »berücksichtigt«.

Ob es so »ist« oder nicht, man wird mit naturwissenschaftlichen Methoden »Seele« nicht nachweisen können, sowenig wie den seiner selbst bewußten »Geist«. Aber es ist ja etwas nicht deshalb *nicht,* weil wir es in rein naturwissenschaftlichen Kategorien weder fassen, geschweige denn ausdrücken können. Was *wirkt, ist.*

Müssen wir also – neben, mit, in? – der biologischen Matrix auch eine psychische annehmen? Eine, die von dem – ungekannten – Beginn menschlichen Lebens an ist, wirkt, empfängt usw.? Ich nehme an: Ja! Und bin mir dabei dessen bewußt, daß das ein »Denkmodell«, ein Konstrukt ist. Unter der Voraussetzung dieses Konstruktes gehe *ich* davon aus, daß der entscheidende Kern, wenn nicht überhaupt das Ganze der Psyche das ist, was wir »Selbst« nennen.

Ich meine damit nicht nur die »Gesamtheit« einer Person oder ihr Selbstgefühl oder ihr Selbstwertgefühl. Und ich meine auch nicht nur die Fähigkeit, das Selbstwertgefühl sogar in schweren Krisen wiederherstellen und soweit – relativ – »stabil« halten zu können. Mit diesen Fragen setzt sich – soweit ich das sehe – die gegenwärtige »Narzißmus-Diskussion« auseinander. Ich meine auch nicht nur das, was C. G. Jung vor 50 Jahren schon mit seinem Selbst-Begriff meinte und um die Frage des »Selbst« und der »Selbst-Werdung« im Individuationsprozeß seine ganze komplexe oder analytische Psychologie konzipierte, womit – kurz gesagt – die »psychische Ganzheit« gemeint ist. Ich meine mit »Selbst« *meine* Entelechie, meine mir innewohnende Werde-Gestalt.

Ich sage damit keineswegs, das so angenommene Selbst sei quasi etwas Starres, das im großen und ganzen nur *eine* Ausgestaltung zulasse. Ich bin sicher, daß es zahllose »Variationen« zuläßt und doch eine Art Grundrichtung hat. Wäre es nicht so, dann könnte der Mensch nicht an sich selber erkranken, wenn er zum Beispiel in der existentiellen Unwahrheit über sich lebt.

Wie kann das aussehen, in der »existentiellen Unwahrheit« über sich leben?

Da ist ein Mann, Ende 20, Anfang 30, in seinem jetzigen Lebensgefühl ein ausgesprochenes Wunschkind seiner Eltern, erklärter Lieblingssohn von Anfang an. Wie haben sich doch seine Eltern die ganze Schwangerschaft auf ihn gefreut! Und was alles haben sie für ihn getan, trotz des beruflich bedingten sehr unruhigen Lebens des Vaters. Und welche prächtigen Eigenschaften er aus der stolzen Ahnenreihe in sich vereinigte! Wunder über Wunder, Bewunderung über Bewunderung. So etwa ab der Pubertät – Genaueres ließ sich nicht mehr feststellen – erkrankte er an einer Krankheit, die innerhalb eines oder zweier Jahrzehnte zum Tode führen konnte. Was war geschehen? In diesem Alter hätte er – beinahe – in zufällig gefundenen Aufzeichnungen entdeckt, daß er gar nicht der Sohn seines Vaters war (was auch seine Mutter ihrem Mann verheimlichte). Statt dessen »entdeckte« er seine unheimliche Ähnlichkeit mit einem berühmten Ahnen seines (vermeintlichen) Vaters, den er nun immer mehr zu imitieren versuchte. Das war aber genau das, was mit ihm auch nicht das entfernteste zu tun hatte. Er erkrankte an der Unwahrheit, die ihn vom Mutterschoß an begleitete.

Aber es gibt auch andere Unwahrheiten gegen sich selber. Da ist eine Frau, Vera. Ihr ganzes Leben hat sie in radikaler Ehrlichkeit gegenüber sich und ihrem Partner gelebt. Nichts war ihr wichtiger als diese Ehrlichkeit, so schmerzlich sie auch sein mochte für sie selber und den Partner. Dann gerät sie in einer Krise, die sie durchaus als Signal begreift, an einen »westlichen Guru« (einen aus meiner Zunft). Der »Guru« lebt seinerseits in einer Unwahrheit über sich: Er hält sich, vor sich selber sorgfältigst verborgen, für einen Guru. Wirkliche Gurus brauchen sich das nicht zu verheimlichen, denn »an ihren Früchten wird man sie erkennen«. Aber nun beginnt etwas in dieser Begegnung, das, dank »Guru«, absolut verschwiegen werden muß. Vor allem dem Lebenspartner gegenüber. – Wo einem anderen gegenüber etwas »zur Schonung« verschwiegen werden muß, ist nicht nur dessen Unfähigkeit zur Wahrheit im Spiel; das »schonende Schweigen«, die »barmherzige Lüge« ist auch eine Lüge sich selber gegenüber.

Vera lebt ihrem Lebenspartner gegenüber so, als *wäre* sie weiterhin so ehrlich und offen wie bisher. Aber das ist nur ein »als ob«. In Wahrheit lebt sie die gurubedingte Un-Wahrheit. Und diese von ihr – dank Guru – nicht erkannte und aus ihrer Irritierbarkeit übernommene Unwahrheit wird zum Tode führen. Es gibt eben nicht nur »rationale« Wahrheiten, sondern vor allem auch emotionale. Und die sind die lebensentscheidenden!

Kehren wir noch einmal zu den vorgeburtlichen Schicksalen zurück, die ich kurz dargestellt habe. Sie sind auffallende Beispiele für etwas, was jedem von uns in vielerlei Gestalten auf dem intrauterinen Weg ins Leben widerfahren ist, was ihn geprägt hat, ob er es weiß oder nicht. Die *Seele* weiß es.

Sie könnten gar nicht wirken, wenn psychisches Leben überhaupt erst in der postnatalen und frühen Lebenszeit beginnen würde. Es differenziert sich nur weiter aus. Aber meine *Werde-Gestalt* ist von Anfang an da. Sie erfährt, registriert. *Sie* ist es wohl auch, die das, was mir vorgeburtlich widerfahren ist, nachgeburtlich wieder »zur Sprache bringt«. Meine Werde-Gestalt, Ihre Werde-Gestalt, hat unter den *ihr* gegebenen intrauterinen Bedingungen, wie sie zu dieser Zeit waren, Erfahrungen gemacht. Unter Bedingungen, die sich nirgendwo in der gleichen Weise wiederholen werden. Und es wird auch niemals mehr die gleiche Werde-Gestalt geben – die Natur »spielt« mit Milliarden von Kombinationsmöglichkeiten!

Also war und wird kein Mensch wie ein anderer, weder vor ihm noch nach ihm. Wir können dazu auch die Daktyloskopie fragen. Sie sagt, es gäbe keinen Fingerabdruck, der jemals mit dem eines anderen Menschen völlig identisch ist.

Der Mensch ist, noch ehe er geboren wird, seine nur ihm eigene Variante des Kosmos.

SEIN LEBEN LEBEN ODER KRANK AN SICH SELBST

Protest und Freiheit

Ich lebe. Also bin ich geboren worden. Und ich lebe jetzt. Also gab es mich vorher überhaupt nicht. Jetzt gibt es mich – und – einmal wird es mich *nicht mehr* geben. Daß ich *jetzt bin,* gibt mir Fragen auf: *Wie* ist mein Leben? Und dann die viel beunruhigendere: *Warum* ist es überhaupt? Es gab mich ja nicht, und nun bin ich da, jetzt, hier. Ich werde einmal nicht mehr sein. Warum also bin ich, wenn ich früher oder später nicht mehr sein werde? Die Frage ist vielleicht zu beunruhigend, vielleicht sollte ich sie gar nicht erst stellen. Dann gibt es sie nicht. Wirklich nicht? Ob ich will oder nicht, ob ich sie wahrhaben will oder nicht, es *gibt* sie. Sie ist eine Wirklichkeit, die mich, anerkannt oder nicht, begleitet. Sie ist wie alle Wirklichkeiten: sie *wirkt.* So oder so. Aber warum soll gerade *ich* mich damit beschäftigen? Mögen das doch andere tun. Doch was haben die anderen mit mir zu tun? Sie können die Frage nur für sich, letztlich für sich allein, beantworten. Es ist *ihr* Leben, nicht meines. Und meines ist nicht ihres.

Ich könnte ja der Frage auszuweichen versuchen. Dann weiß ich nichts von ihr. »Ich«, das wäre mein Denken oder mein »Kopf« oder all das zusammengenommen, womit ich mich »steuere«. Aber dann bleibt irgendwo doch die Unruhe in mir, in meinem Inneren, meiner Seele, die ich nicht fassen, nur als wirksam erleben kann. Vielleicht sollte ich mich doch lieber, wenn ich nun mal bin, mit dem *»Wie?«* meines Lebens beschäftigen und wäre dann dieFrage nach dem »Warum?« los. Oder gehören die Fragen zusammen, so daß das »Wie?« etwas über das »Warum?« sagen könnte und das »Warum?« noch mehr über das »Wie?«.

In meinem alten Katechismus für das Bistum Rottenburg (Freiburg 1920, wieder aufgelegt 1948) war die Warum-Frage gleich als erste gestellt und sehr lapidar beantwortet: »Wozu sind wir auf Erden?« »Wir sind auf Erden, um Gott zu dienen, ihn zu lieben und dadurch in den Himmel zu kommen.« Im katholischen Katechismus für *alle* Bistümer Deutschlands heißt es neuerdings auf die gleiche Frage: »Wir sind auf Erden, um Gott zu erkennen, ihn zu lieben, ihm zu dienen und einst ewig bei ihm zu leben.« Ich kann mich mit dieser Antwort für mich jetzt nicht mehr zufriedengeben, mag sie so wahr sein wie sie will. Sie kann in die Irre führen, in eine falsch verstandene Transzendenz, die mich davon abhält, das zu leben, was ich leben »soll«.

Aber nun fällt mir eine biblische Parabel ein, und ich habe das *Gefühl,* daß da etwas dran ist, was mir weiterhelfen könnte. Mir ist das jetzt ganz wichtig, daß ich das Gefühl habe und nicht mein Kopf einen intellektuellen Salto macht. Wenn das Gefühl den Ton angibt, dann »stimmt« es.

Es ist die Geschichte mit den »Talenten« (Matthäus 25,14–30). Im damaligen Sprachgebrauch sind Talente das auf die Waage Gelegte, zum Beispiel Gewichte, Rechnungsmünzen in festem Wert. Von solchen Talenten spricht die Parabel. Aber es schwingt für mich gleich mit die eigentliche Bedeutung und der gängigere Gebrauch dieses Wortes: Begabung. In der Parabel gibt ein Herr, der in die Fremde ziehen will, seinen Knechten sein Vermögen. Dem einen gibt er fünf Talente, dem anderen zwei, dem dritten eines. Der mit den fünf schafft fünf weitere dazu, der mit den zwei zwei. Und der, der nur eines bekommen hat, vergräbt es. Nach langer Zeit kommt der Herr zurück und hält Abrechnung. Der mit den fünf bringt seine jetzt zehn, der mit den zwei jetzt seine vier. Beide werden mit den gleichen Worten gelobt, beide erhalten die gleiche Belohnung. Dann gesteht der mit dem einen Talent, daß er es aus Angst vor der Strenge des Herrn vergraben habe, um es unbeschädigt zurückgeben zu können. Da wird jener Herr wütend, nimmt ihm auch das einzige, gibt es dem, der schon zehn hat, und verstößt den »faulen Knecht« in die Finsternis, wo »Heulen und Zähneknirschen« sein wird.

Ich will jetzt nicht Bibel-Exegese treiben. Davon verstehe

ich nichts. Und ich will auch nicht Gesellschaftskritik treiben und über Herrschaft, Unterdrückung, Mehrwert und Ausbeutung sprechen. Mir ist die Parabel eingefallen im Umgang mit *mir,* dem Wie und Warum meines Lebens. Und insofern bin ich an keinerlei gängige Auslegung gebunden. Ich kann sie auf mich wirken lassen und sehen, was sie mit mir macht. Da sind also »Hierarchie« und Ungleichheiten bei Gleichheiten: etwas, was »Herr« genannt wird, am Ende wird er sogar streng und hart genannt. Ist er ja auch, wenn ich an das »Heulen und Zähneknirschen« denke. Und da sind »Knechte«, und insofern sind sie »gleich«, aber sie werden sehr ungleich bedacht: einer mit fünf, der nächste nur noch mit zwei und der dritte gar nur noch mit einem »Talent«. Und es wird Abrechnung, unerbittlich Abrechnung gefordert, nach »sehr langer Zeit«. Der mit fünf hat gehandelt und fünf, der mit zwei hat gehandelt und hat zwei dazugewonnen. Der mit einem hat, wie er selber sagt, aus *Angst* nicht gehandelt, hat es vergraben, wollte nichts Falsches machen. Die Handelnden, obwohl sie absolut gesehen Unterschiedliches erbracht haben, haben doch, »relativ« gesehen, das Gleiche erbracht. Aus fünf zehn machen ist soviel wie aus zwei vier. Also hätte der mit dem einen nur noch eines machen müssen, es wäre das gleiche gewesen. Und hätte genügt.

Ich setze jetzt für mich, weil ich es nicht so personalistisch verstehen kann wie die Bibelautoren – und jeder kann ja einsetzen, was er will und was für ihn wichtig ist – statt »Herr« *»Leben«* oder »Lebensenergie«, »kosmische Energie« oder das im Universum wirkende Prinzip ein. Ich sage also jetzt für »Herr« »das wirkende Prinzip« und für »Knecht« materialisiertes, im wörtlichen Sinne also *»inkarniertes* Prinzip« – Mensch. Das »Prinzip«, etwas, was sowohl in mir als auch außerhalb von mir ist und dessen Teil ich bin, braucht sozusagen *mich,* um an seiner Statt zu realisieren, zu ver-wirklichen. Ich, dieser Mensch, soll anstelle des »Prinzips« handeln. Ich setze statt »Talente« *Leben* als Entfaltung meiner »Potentiale«, meiner Entelechie ein. Was heißt es dann, aus fünf nochmal fünf, aus zwei nochmal zwei machen oder aus Angst das *eine* nicht verdoppeln? Es heißt dann entweder, *mein* Leben leben oder aus Angst, etwas Falsches machen zu können, es sozusagen nur existieren zu lassen, *damit* es existiert. Und die Rückkehr des »Herrn« nach sehr langer Zeit und die Abrechnung wäre jener Augenblick, da die mir anvertraute und in mir zur Wirkung kommende »Energie«, das »Prinzip« in den Zustand zurückkehrt, woher es kam – also das Ende meines Lebens. Und dann wie der, der aus Angst sein Leben nicht lebte, feststellen zu müssen, zwar existiert, mein Leben zwar erhalten, aber nicht tatsächlich in die Hand genommen und gestaltet, also vergeblich gelebt zu haben, das scheint das Schrecklichste und dann nicht mehr Umkehrbare zu sein! Im Bilde: Finsternis, wo nur noch Heulen und Zähneknirschen ist.

Um noch einmal im Bilde zu bleiben: Niemand hat den dreien vorher gesagt, was sie mit den »nach ihren Fähigkeiten« erhaltenen Talenten machen sollen. Aber dann kam, wie ganz selbstverständlich, die Abrechnung! *So* ist das also mit dem »Leben«.

Ich habe hier eine Parabel aus der Bibel herangezogen. Dann bin ich mit ihr umgegangen, als sei das eine Wahrheit, natürlich so, wie ich die Parabel interpretiert habe. Ich kann es nicht beweisen, daß es so *ist.* Im Sinne des naturwissenschaftlichen Beweises, also im Experiment herstell- und wiederholbar, ganz sicher nicht. Keiner, der je gelebt hat, ist zurückgekehrt. Und schon gar nicht so viele, daß sie dem Gesetz der großen Zahl für die Statistik genügen würden. Von den Reinkarnationsphilosophien verstehe ich noch zuwenig. Aber es muß etwas dran sein an ihnen. Warum sonst beschäftigt sich die Menschheit seit Jahrtausenden damit? Vielleicht enthalten sie etwas von der Wahrheit, daß mich schon Jahrtausende vor mir getragen haben und daß hier und jetzt etwas mit mir dran, mit mir fällig ist. Ich bin also eingebettet in einen mich übergreifenden und gerade mich »meinenden« Zusammenhang. Aber was mache ich jetzt ohne Beweis? Ich habe ja zunächst mein aus dem kollektiven wie persönlichen Unbewußten kommendes und damit »Urteilen« folgendes und körperlich wahrnehmbares Gefühl. Und wenn mein Gefühl zu meinem denkenden »Kopf« sagt: Versuch es doch einmal mit dieser Hypothese! und meine Logik findet die Hypothese mit ihren Folgerungen ganz griffig, dann muß etwas dran sein.

Wenn es so ist oder so sein könnte, wie in dem von mir vorgeschlagenen Lebensmodell, dann würde es doch stimmen mit den zwei Fragen nach dem »Wie?« und nach dem »Warum?« meines Lebens. Und sie würden auch zusammengehören. Ich bin es ja auch nicht allein, der sie stellt. Sie *wird* mir gestellt, aus meinem Inneren. Und sie wird, nein *ist* gestellt in den zahllosen psychischen oder psychosomatischen Erkrankungen, zum Beispiel in Depressionen. Depressionen sind nicht nur Ausdruck vermiedener Trauer um die nie oder viel zu kurz erlebte spendende Mutterbrust, um leidvoll erlebte, aber nicht betrauerte Trennung oder gar Verlassenheit usw. An all dem ist was dran. Aber sie meinen viel umfassender das wegen dieser Sehnsüchte nicht gelebte eigene Leben und die momentane Unfähigkeit, sich zu diesem zu befreien und den eigenen Lebens-Grund zu finden. Ein Bild dafür ist Lots Weib, das im Blick zurück »auf Sodom und Gomorrha« zur Salzsäule erstarrt, statt das Vergangene hinter sich zu lassen und in die – wenn auch noch unbekannte – Zukunft des Hier und Jetzt zu gehen. Die Frage taucht ebenso auf in Schlafstörungen oder gar Schlaflosigkeit. Sie gleichen dem verzweifelten Versuch, etwas in meinem Leben sehr Beunruhigendes zu finden und es gleichzeitig nicht finden zu »dürfen«, wie es etwa im Schlaf und in den Träumen geschehen könnte. Die Frage wird ebenso in den – nicht durch äußere Einflüsse bedingten – Kreislaufanomalien, in Erkrankungen des Magen-Darm-Traktes, des Uro-Genital-Systemes, der Atemwege, der Verdauungsorgane, der Bluthoch- oder -niederdruckkrankheit, der Erkrankung der Entgiftungsorgane, des Herzens gestellt. Das alles können

Signale eines gestörten, das heißt nicht entsprechend gelebten Welt- und Selbstbezuges sein.

Da ist zum Beispiel ein ebenso frommer wie gelehrter und zugleich weltoffener Mönch. So um die Sechzig herum. Wer ihm begegnet, erlebt das Beispiel eines in Frieden und Einklang mit Gott, sich und der Welt gelebten Lebens. Keineswegs in Selbstgefälligkeit oder gar »fertig«, durchaus ständig innerlich auf dem Wege. Nie wollte er in seinem ganzen ihm bewußten Leben anderes entfalten oder in anderer Form leben, als es ihm als Mönch möglich wurde. Und doch: Seit längerer Zeit spürt er nagende Zweifel. Nun, da etwas an seiner Gesundheit buchstäblich zu nagen beginnt, kann er nicht mehr anders, als sich und seinen Weg in Frage zu stellen. Und findet die Antwort: Es war doch nicht *sein* Weg. Die Frage nach dem »Warum?« und »Wie?« meines Lebens ist also nicht eine Frage grauer philosophischer Theorie oder eine Erfindung der Theologie oder gar ein Über-Ich-Rest. Sie ist eine Frage des Lebens selber. Irgendwann kommt sie, wenn wir sie nur immer vernehmen könnten.

Spätestens, wie gesagt, in den psychischen oder psychosomatischen Erkrankungen wird sie unüberhörbar.

Warum ist das so? Fragen wir die Tiefenpsychologie und Psychoanalyse, die sich ja mit den Tiefenschichten der Seele des Menschen befaßt. Felix Schottlaender, der leider viel zu früh verstorbene Stuttgarter Psychoanalytiker, begriff Psychoanalyse als »Philosophie der verstörten und behinderten Existenz« (vgl. A. Görres, in: Felix Schottlaender, Das Ich und seine Welt). Seine Grundthese sagt – und ich zitiere dabei Albert Görres (ebd.): »Der Weg der Neurose ist der Weg der Auflehnung. Der Neurotiker protestiert gegen die Determinanten des Daseins, er ist der essentiell Entzweite, Unversöhnte, gegen Unabänderliches Rebellierende, ohne daß er zunächst um diese Zusammenhänge wüßte. Die Analyse weist also regelmäßig ein habituelles Nein zu Grundgegebenheiten und damit zu Aufgaben des Lebens nach.«

Ich habe an mir und den mir Anvertrauten erfahren, daß es nicht nur um den »Protest« gegen die Determinanten des Daseins – wie Geburt, Geschlecht, Tod, Leid, Schuld, Grenzen usw. – geht. Das sind ganz entscheidende Aspekte menschlicher Existenz. Und doch bleiben sie auf eine Weise sozusagen »außerhalb« von mir. Ich glaube, daß die entscheidende Entzweiung mit mir selber darin besteht, meinen »Sinn« außerhalb von mir zu suchen, statt mich, so wie nur ich bin und nur ich werden kann, zu leben.

Freud schrieb einmal den unscheinbaren Satz: »Der Neurotiker wendet sich von der Wirklichkeit ab, weil er sie – ihr Ganzes oder Stücke desselben – unerträglich findet« (S. Freud, GW VIII). Görres schreibt in seiner Interpretation von Schottlaenders Arbeit und wissenschaftlichem Werk: »Der neurotische Mensch kann das Unabänderliche, die Wesensbedingungen des Menschseins nicht akzeptieren. Er reibt sich wund an den harten Kanten der Wirklichkeit. Er protestiert vor allem gegen die Grundgegebenheiten, daß sein Dasein zeitlich ist, und daß seine endliche Daseinsgestalt im Tode zerfällt, daß er einen Leib hat, daß er ein einseitiges geschlechtliches Wesen und ein ergänzungsbedürftiges, auf den und die anderen angewiesenes Animal sociale ist. Der Neurotiker protestiert gegen das Vorhandensein von Leid und Not, er lehnt sich auf gegen die Grenzen seiner Begabung und seiner äußeren Gaben, gegen seine Mängel und Bedürfnisse. Er kann nicht ertragen, daß es reichere oder gesündere oder begabtere oder glücklichere und vor allem, daß es bessere Menschen gibt als ihn . . .«

Aber ich bleibe aus meiner Erfahrung mit mir selber und mit den mir Anvertrauten dabei: Es geht nicht nur um die »Determinanten«, sondern vor allem um die Selbst-Entfremdung, um die Ur-Verdrängung meines Wesens. *Daran,* an der nicht gelebten Entelechie, erkrankt der Mensch.

So gesehen »stimmt« Schottlaenders Verständnis der Psychoanalyse als Philosophie der verstörten, behinderten und sich selbst behindernden Existenz. Philosophie bedeutet Suche nach und Liebe zur »Wahrheit«. Psychoanalyse aber ist doch – unter anderem – Krankenbehandlung? Eben drum! »Heilung ist demnach wesentlich Versöhnung, Heilung ist der Weg vom Hochmut der Auflehnung zur Demut des dankbaren Annehmens, der »acceptance« (ebd.). Da ist aber ein Problem. Acceptance statt Protest und Rebellion heißt nicht einfach Hinnehmen dessen, was ist, was mir angetan wurde, was ich mir mit mir und mit anderen antat usw. Es heißt vielmehr den schweren Lernprozeß zu leisten, der in dem frommen Gebet Oetingers ausgedrückt ist: demütig zu ertragen, was nicht verändert werden kann, mutig (und das heißt tätig) zu verändern, was verändert werden kann, und die »Weisheit« zu finden, das eine vom anderen zu unterscheiden!

Acceptance heißt nach meinem Verständnis auch, mich als Sinn in sich selber zu begreifen. Woher kommt denn aber dieser Protest und diese Rebellion gegen das eigene Leben? Mir fällt Günter Graß' »Blechtrommel« ein, die literarisch und filmisch großartige Gestaltung dieses Themas. Oskar wäre am liebsten schon bei seiner Geburt wieder umgekehrt, ähnlich Hiob, der klagte: »Ach wär ich doch verstorben, im Schoße meiner Mutter« (Hiob 3,11). Da er aber nun einmal geboren ist, »beschließt« Oskar, ab seinem dritten Geburtstag nicht mehr zu wachsen und zu reifen. Er bleibt in allem der Dreijährige. Und *wie* er es bleibt! Doch der »Blechtrommler« Oskar ist ja nicht nur eine Roman- oder Filmgestalt. Er ist ein Spiegel, in dem wir uns selber, Teile von uns, erkennen können, wenn wir wollen. Jeder hat seinen Oskar oder sein »Oskärle« in sich behalten.

Sehen wir zum Beispiel unsere Beziehungen an. Sie sind zuallermeist und vor allem dort, wo wir sie nach landläufiger Meinung als besonders »geglückt« ansehen, nicht nach dem Muster gelungener »Dreier-Beziehungen« gelebt. Sondern nach dem Urmuster der Mutter-Kind-Beziehung mit all ihren Intensitäten und all ihren Gefährdungen, in der »Verschmelzung« der glückselig erscheinenden »Einigkeit« und damit der Verhinderung einer unabhängigen Identität, also des Selbst-Verlustes.

Aber das »Oskärle« wird auch sichtbar bei unserem Umgang mit »Aggressivität«, Rivalität, Macht, Geld, Neid usw.

Wer die unabänderlichen Grundgegebenheiten seines Daseins – und die entscheidendste ist seine Entelechie – nicht akzeptiert, lebt nicht sein »Selbst«, mag er sich als sogenannter »Neurotiker« fühlen oder nicht. Denn nicht akzeptieren heißt ja: nicht bewußt realisieren, in aktiven Lebensvollzügen nicht tun, was mit mir *ist*. Wer in seinem bisherigen Lebensvollzug etwas begegnet, Auferlegtem, Selbst-Auferlegtem oder Selbst-Gewähltem, das um der dadurch verlorenen Lebensentfaltung willen verändert werden müßte, und es nicht tätig handelnd verändert, lebt nicht sein Selbst, weil er nicht im Einklang mit sich, mit seinem wahren Wesen ist. Vielleicht lebt er ganz gut, funktioniert ganz gut. Vielleicht hat er sein wahres Wesen mit allerlei Wichtigkeiten oder gar Wichtigtuereien betäubt und von sich abzulenken versucht und sich ablenken lassen. Das mag ganz gut gehen, weil er so im Einklang mit seinen bisherigen Bildern und Mustern bleibt: dem – wie immer *so* gewordenen – Bild von sich, das er von sich macht und hat, andere sich von ihm machen, machen wollen oder sollen, und worin er sich ganz gern gespiegelt sieht.

Ich weiß von mir selber und weiß es von vielen, bei denen ich es miterlebt habe, *wie* schwer es ist, sich zu verändern. Denn sein bisheriges Bild aufgeben zu sollen kann wie Selbstverlust erlebt werden. Das ist ein sehr schlimmes Gefühl. Niemand tut das ohne Not, wirkliche innere Not. Denn es bleibt ja dann meist nicht aus, auf irgendeine Weise gegenüber jemandem oder etwas schuldig zu werden. Aber es gibt keine größere Schuld als die sich selber gegenüber: sich nicht gelebt zu haben! Es gibt viele Möglichkeiten der Erklärung oder Schuldzuweisung, zum Beispiel: mein Vater, meine Mutter, mein Partner, die Kirche, die Gesellschaft, mein Beruf usw., kleinkarierte und großartige. Sie dienen als Alibis, um der Wahrheit zu entkommen, daß es nur einen einzigen Menschen gibt, der mir allein anvertraut ist, für den nur ich allein ganz und gar verantwortlich bin: mich selber!

Aber was ist das, mein »wahres« Wesen? Wie erkenne ich das? Kann ich es überhaupt erkennen? Das ist sicher nicht ganz leicht. Trotzdem. Wenn ich bereit bin, es aufzuspüren, ihm in seinen vielfältigsten Erscheinungs- oder Äußerungsweisen nachzugehen, wenn ich hinhorche und hinsehe. Wenn ich lerne, mich frei zu machen von meinen Blindheiten und Blendungen. Das geht sicher nicht per *Beschluß*. Das geht nur, wenn man sich auf sich einläßt, immer und immer wieder neu, bereit, schonungslos seine Wahrheiten zu erfahren. Wahrhei-*ten.* Denn es gibt nicht nur *eine* Gestalt von Wahrheit über mich. Und dann muß ich *fühlen,* wie das *klingt* und mit mir übereinstimmt. In dem, *was ich* das *Selbst* nenne, jenen letzten zentralen Kern der Psyche, ist eine »entelechiale« Kraft, eine »Werde-Gestalt«, mitgegeben. Sie *ist.* Wie sonst könnte ein Mensch an sich selber erkranken? Mancher findet den eigenen Weg zu sich selber aus eigener Kraft. Oft aber ist der Zugang zu sich so verbaut, verschüttet, daß es der zeitweiligen Hilfe eines kundigen Begleiters bedarf, um dann selber *gehen* zu können, eines Begleiters, einer – in diesem Sinne verstanden – »Hebamme«. Nicht *mehr.* Der Therapeut ist keineswegs ein selbsternannter »Bildhauer«, der aus dem ihm gegenübertretenden »Rohmaterial« einen Menschen schafft nach seinem (des »Bildhauers«) Bild und Gleichnis.

Gegen Grundbedingungen und Gestaltungen des Daseins kann nur der Mensch protestieren und rebellieren. Protest und

Rebellion richten aber sich nicht nur gegen Grundbedingungen und Gestaltungen. Sie richten sich letztlich dagegen, daß ich überhaupt bin und *wie* ich bin. Warum bin ich überhaupt, was soll ich? Also doch die Wiederkehr der alten Philosophenfragen: »Woher komme ich? Wohin gehe ich? Was soll ich in der Zwischenzeit hier?« Also doch die Wiederkehr der Katechismusfrage: »Wozu sind wir auf Erden?« Man kann das als Philosophen- oder Theologenfrage beiseite schieben. Nehmen Sie aber Mozart als herausragendes Beispiel. Und stellen Sie sich vor, er wäre statt Komponist »k. u. k. Buchhalter« geworden. Was ich also nicht abtun kann, ist das Leben selber. Und um dessen Äußerungsformen, zum Beispiel in den psychischen oder psychosomatischen Krankheiten, besser zu verstehen, habe ich die Tiefenpsychologie befragt. Meine daraus abgeleitete Antwort: Es gibt in jedem Menschen ein Selbst, ein letztlich organisierendes und zielgerichtetes Zentrum, das eine Gestaltung anstrebt. Dieses Zentrum (Entelechie) ist in *dieser* Gestalt nur mir allein eigen. Und es erfährt, angefangen schon in der perinatalen Zeit, über Geburt, Kindheit, Pubertät, frühes Erwachsenenalter bis zu meinem Ende, also in allen Lebenszyklen, Anstöße, Behinderungen und neue Anstöße, so daß daraus nur das werden kann, was *ich* werden kann. Ich kann mich dagegen auflehnen, ich kann es akzeptieren, *daß* ich bin, daß ich *so* bin und werden kann, ich kann es *lieben,* das heißt fördern, schützen und vor allem ihm zur Entfaltung verhelfen. Das ist meine Freiheit.

Ich kehre noch einmal zu der Parabel zurück, die mir eingefallen war bei der Frage nach dem »Wie?« und »Warum?« meines Lebens, und zu dem von mir daraus entwickelten »Lebensmodell«. Dann hieße das: Ich bin geboren und *ich bin jetzt, weil jetzt* nur einer auf dem ganzen Planeten und zu allen Zeiten dieses Planeten so ist und werden, »Lebensenergie« Gestalt werden lassen kann *wie* ich: ich selber.

GENERATIV LEBEN

Als Mann – als Frau

Ich lebe hier und jetzt. Wenn ich sage, ich lebe, sage ich gleichzeitig mit: Ich *bin* in einem Geschlecht, in einem Leib, der weiblich oder männlich ist. Ob ich das alles lebe, was es heißt, im Geschlecht zu sein oder nicht, ich *bin* es. Im-Geschlecht-Sein gehört zu den unveränderbaren Grundbedingungen menschlichen Daseins. Das ist so. Und es ist selbst dann noch so, wenn sich jemand operativ Merkmale des bisherigen Gegengeschlechtes aneignen läßt. Dann ist er zwar körperlich etwas anders, als er es vorher war, aber eben nur das andere, nicht beides zugleich. Das ist eine Grenze. Im Geschlecht zu sein, biologisch Frau oder Mann zu sein, enthält die Möglichkeit, »Lebensenergie« in neues biologisches menschliches Leben umzuwandeln: zeugend oder empfangend und gebärend. Vielleicht hat schon von daher die Geschlechtlichkeit einen Teil ihrer Faszination, ihrer möglichen Dämonie und ihres Numinosen.

Wenn ich sage, »hier und jetzt«, dann heißt das: Ich lebe in diesem ganz bestimmten Land mit allen seinen soziokulturellen Gegebenheiten und Bedingtheiten, seinen Menschen mit den kollektiven Einstellungen zur und Wertung der Sexualität, mit den Normen und Gesetzen. Und zwar *jetzt* und nicht in der vorindustriellen Zeit, nicht im Viktorianischen Zeitalter und nicht im Zeitalter des Barocks, und auch nicht in der Zeit, in der der biblische Schöpfungsmythos entstand und niedergeschrieben wurde. Nein, obwohl alle Vergangenheiten ihre Spuren hinterlassen haben, manche verwischt, manche sehr stark sind, ich lebe *jetzt* in einem Zeitalter, in dem der Mensch sich anschicken kann, seine Spezies und den von ihr bewohnten Planeten auszulöschen.

Es ist das Allerselbstverständlichste der Welt, einfach eine Naturtatsache wie die Naturtatsache »Tod«, daß der Mensch Frau oder Mann ist. Aber es gibt wohl keinen Aspekt menschlicher Geschichte, der so voll ist von Tränen und Blut, von Verfolgungen und Folterungen aller Art, von Tragik und

Schuld, von Verkrüppelung und Zerstörung, wie den Aspekt der Geschichte »Sexualität«.

Nun also, ich bin da und ich bin *jetzt* da. Längst ehe ich *auf* der Bühne des Lebens mein Leben begann, war ich schon und war ich (potentieller) Mann oder Frau. Und während ich im Mutterleib gebildet wurde, traf mich, den Werdenden, die Frage nach der Sexualität. Nicht nur, daß ich aus ihr hervorgegangen bin, aus dieser Verschmelzung zweier Gestaltungen von »Lebensenergie« wie der in meinen Eltern, sondern auch »wie«. Viele Menschen fragen sich das: War es Liebe, Liebe zueinander, zum Leben und Lebendigen? War es Zufall oder Unfall? Was war es? Und dann die Einstellung der Eltern zur Sexualität: »Fortpflanzungsauftrag« und deshalb für die beiden »erlaubter Fall von Sünde«, sonst schwerer oder schwerster »Sünde«; oder war es »Schöpfungswonne und Schöpfungslust«? War es »Lust als List der Natur für die Last« der Kindesannahme? Oder ein Transzendieren, intensivste Selbsterfahrung im Überschreiten der Grenzen am andern, mit dem andern? Das alles wirkt ja dann in jenem intensiven Austausch und Wechselprozeß zwischen Mutter und werdendem Kind und dem immer schon »anwesenden« (so oder so anwesenden, auch als abwesender) Vater und der Mitwelt ein. Es wirkt ein auf das Werdende und Wachsende und trifft das »psychische« Zentrum, die Werde-Gestalt (das entelechiale Selbst). Und als was haben sie mich erwartet, als sie noch nicht wissen konnten, welchen Geschlechtes ich sei? Sollte es ein bestimmtes sein, bewußt oder mehr unbewußt, denn das Unbewußte »wirkt«, weil in der allgemeinen Wertung vor allem lange Jahrhunderte das Männliche bevorzugt war? Ich habe Grund, schnellstens hinzufügen zu müssen, daß solche Vor-Urteile *menschliche* Entscheidungen und Irrungen sind und nichts, aber auch gar nichts mit »Schöpfungswirklichkeit« oder Schöpfungsordnung oder ähnlichem zu tun haben.

Sollte ich vielleicht ein vorangegangenes, aber wieder früh verstorbenes Kind mit dessen Geschlecht oder den während der Schwangerschaft mit mir verlorenen Partner ersetzen? Und wie war es dann, als sie endlich wußten, wes Geschlechts ich bin? Konnten sie freudig ja sagen dazu? Waren sie enttäuscht? Lehnten sie mich *deshalb* ab? Haben sie mir Aufträge erteilt durch ihre stillen oder formulierten Erwartungen, die die Entfaltung meines in diesem Geschlecht inkarnierten Lebens erschwerten, behinderten, schon da den Keim legten zur Verkrüppelung oder Zerstörung? Alles, was gerade war oder gerade auch *nicht* war, trifft ja mich, mein »Selbst«, meine »Werde-Gestalt«. Ehe wir weiter überlegen, zunächst Ausschnitte aus Schicksalen:

Perpetua, eine auf die Vierzig zugehende Frau. Anlaß zur psychoanalytischen Therapie ist – wie so oft – ein Kind, hier der achtjährige Sohn. Wir nennen in solchen Fällen, in denen ein *anderer* als Patient, weil Symptomträger, vorgestellt wird, diesen – also den Buben – den »Indexpatienten«. Die Eltern sind tief besorgt um ihren Sohn wegen seiner Symptomatik, die ihn einerseits völlig isoliert, andererseits außerordentlich sozial auffällig macht. Wegen dieser Auffälligkeiten fühlen sich die Eltern, am meisten die Mutter, ständig beschämt. Im Verlaufe der in die Familientherapie einbezogenen Einzelanalyse mit der Frau stellt sich unter anderem folgendes heraus: Wo die Frau geht und steht, fühlt sie sich beschämt, hat sie das Gefühl, sich ständig verstecken und fliehen zu müssen. In ihrer Haut als Frau fühlt sie sich überhaupt nicht wohl, und mit Sexualität kann sie die meiste Zeit nichts anfangen. Kauft sie sich ein Kleidungsstück, muß sie spätestens am nächsten Tage wieder hin, um es umzutauschen, was sich dann höchst quälend einige Male wiederholt, bis sie sich dort nicht mehr sehen lassen kann. »Ich bin nichts als Angst auf zwei Beinen«, sagt sie. Hat sie etwas »getan«, möchte sie es augenblicklich ungeschehen machen.

Perpetua wurde mit einer Zwillingsschwester zusammen

geboren. Schon die Geburt von Zwillingen und dann noch gleich zweier Töchter muß für die Eltern, oberschwäbische Bauern, schockierend gewesen sein: Der *Vater* wollte von ihnen nichts wissen, er weigerte sich, mit zur Taufe zu gehen, weil er sich schämte, schickte statt dessen eine Art Verwünschung mit – und das in einem sozialen Milieu, in dem die Väter zu dieser Zeit noch mit Gehrock und Zylinder zur Taufe ihrer Kinder gingen. Die ganz und gar noch »offene« Psyche der Neugeborenen mußte die Verhaltensweise des Vaters als Ver-Nichtung registrieren.

Für ihn *waren* sie nicht! Und ausgerechnet Perpetua hat als erstes Kind einen Jungen geboren, über dessen Aussehen sie erschrak und den sie um alles in der Welt aus vielerlei Gründen nicht akzeptieren konnte. Der Junge mußte bald nach der Geburt für mehrere Wochen wegen einer schlimmen Säuglingserkrankung ins Krankenhaus. Zu keiner Zeit konnte sie mit ihrem Jungen – Willibald – etwas anfangen. Die Beziehung zwischen Mutter und Sohn wurde immer noch problematischer. Sie könnten sich gegenseitig buchstäblich umbringen. Und tun es auch – freilich auf eine sehr indirekte Weise bis zum heutigen Tage. Willibald kämpft mit seiner, Perpetua mit ihrer Symptomatik ums Überleben. Dabei hat Perpetua viele »gute Gründe« für ihren nahezu unbändigen Haß auf Willibald. Zum Beispiel die Schwiegermutter! Überhaupt die ganze Sippschaft ihres Mannes! Sieht man Perpetuas frühes Schicksal, so ist nach ihrem Erleben die Mutter die Böse, die sie nicht gemocht, sie nur gehaßt und drangsaliert hat, solange sie denken kann. Der Vater? Der war schon recht, nur daß er sich von seinem Vater alles bieten ließ und von seinem bösen Weib, ihrer Mutter. Der Vater starb nach kurzer und nicht bedrohlich erscheinender Erkrankung etwa im dritten Lebensjahr von Perpetua.

Ich sollte vielleicht doch nicht unerwähnt lassen, daß Perpetuas Mann nach einem älteren Bruder als Mädchen erwartet wurde. In dem »unbewußten Zusammenspiel« (Kollusion) von

Perpetua und Konradin scheint *eine* der Gemeinsamkeiten der Haß auf das und die Ver-Nichtung des Männlichen zu sein. Mir ist natürlich klar, daß der geschilderte Aspekt aus Perpetuas Lebensgeschichte für andere Betrachter weniger bedeutsam erscheinen, für wieder andere in einen anderen Zusammenhang gebracht werden könnte. Dann wäre auch da etwas Richtiges dran.

Psychisches Leben ist ja nicht eindimensional, ein »Aspekt« kann ganz verschieden erfaßt und interpretiert werden. Ob dieses oder jenes der »Wahrheit« näher kommt, vermag nur der Betroffene selber zu entscheiden. Und schließlich sollten wir nicht übersehen, daß alle Erscheinungen mehrfach und teilweise sogar überdeterminiert sind.

Mir ging es nur darum, zu zeigen, daß Geschlecht und Sexualität schon intrauterin und unmittelbar nach der Geburt die »Werde-Gestalt« (Selbst) treffen und ihr eine Färbung oder eine Richtung geben, die mit ihr eigentlich nichts zu tun hat. Jedenfalls ist für Perpetua die Geschlechterthematik zu einem Grundproblem ihres Lebens geworden, das zur Lösung drängt.

Agathe, Ende Zwanzig, gelernte Kosmetikerin, verheiratet und ein Kind, kommt zur Psychotherapie wegen immer wieder auftretender Krebsängste. Krebs, der an der Brust beginnt. Oft nimmt sie entsprechende Symptome wahr, läßt sich endlich untersuchen. Ergebnis: »Ohne Befund«. Soweit sie sich zurückerinnern kann, bis ins zweite Lebensjahr, nie war an ihr etwas richtig. Verhielt sie sich endlich so, wie sie sollte, war das wieder nicht richtig. Sehr Dramatisches ist nicht geschehen, nur ungezählte Mahnungen und Zurechtweisungen. In ihrem vierten Lebensjahr wurde ein Bruder geboren. Der war rundum richtig. Sosehr sie sich vor dem Krebs und einer Brustamputation fürchtet – oft möchte sie sich die Brust selber abschneiden, damit endlich alles wieder »glatt« wäre.

Etwa im 18. Lebensjahr mußte ein Bein in Gips gelegt werden, das dann vorübergehend versteifte. Hätte sie bloß früher gewußt, was ein Gipsverband vermag, sie hätte sich einen Panzer um die Brust gelegt und die Brustentwicklung ein für allemal erdrückt!

Ansgar, ein drahtiger, körperlich durch und durch trainierter Enddreißiger und schon im Topmanagement, leidet an Depressionen und Entscheidungsschwäche, was sein persönliches Leben anlangt. Seine Mutter hat ihn von Geburt an jahrelang als Mädchen gekleidet und behandelt, den Vater hat er früh durch den Krieg verloren.

Ich bin in einem Geschlecht, und deshalb begleitet mich die darin enthaltene Thematik in allen Phasen meines Lebens: Ich bin und werde Mann oder Frau, bin also körperlich begrenzt und auf Polarität angelegt. Ein zentraler Aspekt dieser Grundspannung und wohl zunächst der erste ist der biologische, die Fortpflanzung des Menschen durch die körperliche Vereinigung von Mann und Frau. Und da die Kreatur auf Enfaltung und Erhaltung drängt, steht dieser Aspekt im Vordergrund der körperlichen Reifung zur Fortpflanzungsfähigkeit.

Freud, der geniale Wiederentdecker des Unbewußten, hat sein gesamtes wissenschaftliches Werk der Erforschung der Sexualität, ihrer Entfaltung und Behinderung, ihrer Äußerungsformen, vor allem der verdeckten, und deren Folgen für Gesundheit und Krankheit des Menschen, für Kultur und Religion, für Krieg oder Frieden gewidmet. Er hat unter anderem nachgewiesen, daß die Sexualität nicht erst dort beginne, wo man sie gemeinhin anzusiedeln pflegt, in der Pubertät, sondern schon in der Säuglingsphase, was natürlich schockieren mußte. Er hat diese Entwicklung beschrieben entsprechend seinem Paradigma von »Spannung – Entspannung – Spannung« und demzufolge unter dem Aspekt von Trieben und Triebschicksalen. Er unterschied *Triebquelle* (zum Beispiel Mund), *Triebziel* (Entspannung durch Saugen, Nähe, Stillung usw.) und *Trieb-Objekt* (»Mutter«), also das, was geeignet ist, die Ent-Spannung, Befriedigung zu gewähren. Ich will die »Stufen der Entwicklung der Libidoorganisation« (für Freud ist der »Sexualtrieb«, Libido, der zentrale Lebenstrieb) der Vollständigkeit halber nur erwähnen: *oral* (= Mundbedeutung), *anal* (Afterbedeutung und Bedeutung der Ausscheidungsvorgänge), *phallisch* (Bedeutung des männlichen Gliedes). Freud nennt das »die infantile Genitalorganisation, während die volle Organisation erst durch die Pubertät in einer vierten, genitalen Phase erreicht (wird)« (S. Freud, GW XVII).

Was ist mit »Organisation« gemeint? Gemeint ist, daß alle sogenannten Partialtriebe vorwiegend autoerotisch, auf sich selbst gerichtet, seien und in der phallischen Phase dem Primat, der Vorherrschaft, der Genitalzonen ein- und untergeordnet werden, weil nun ein neues umfassendes Sexualziel gefunden sei: das Sexualobjekt. Die Partialtriebe behalten eine Bedeutung, einzeln für sich und auch in gegenseitigen Durchdringungen, aber das zentrale Ziel ist die Genitalzone und damit die erste und alles Spätere färbende Vorbereitung auf die Fortpflanzungsfähigkeit. Da die *biologische* Entwicklung selbstverständlich auch eine psychische Seite hat und von der »Psyche« verarbeitet wird, nennt man diese Entwicklung die psychosexuelle. Ich will aber die parallel laufenden Entwicklungsaspekte von Ich-Entwicklung und Entwicklung der Objektbeziehungen hier bewußt vernachlässigen, ohne sie damit zu übersehen oder gar zu bestreiten.

Höhepunkt der frühen psychosexuellen Entwicklung zum Genitalprimat als Vorbereitung der Fortpflanzungsfähigkeit, mit der der Mensch im kreatürlichen Lebenszusammenhang steht, ist die *ödipale* Phase (etwa viertes bis sechstes Lebensjahr). Gemeint ist damit, daß in der bisherigen vorzugsweise autoerotisch bestimmten psychosexuellen Entwicklung jeweils *eine* Person, in der Regel die Mutter, beteiligt war, während jetzt beide Eltern in den Mittelpunkt der Aufmerksamkeit treten, und zwar als Mann und als Frau, mit Geschlechtlichkeit und Sexualität. Weil es also jetzt drei sind, spricht man im Gegensatz zur vorangegangenen »Zweierbeziehung« von der »Dreierbeziehung« und Dreipersonenpsychologie. Der zentrale Gehalt dieser Entwicklungsphase ist die innere Aneignung des eigenen Geschlechtes und deren vorläufiger Abschluß in der Über-Ich-Entwicklung. Über-Ich wird in diesem Sinne als psychische Instanz angenommen, in die alle Gebote und Verbote, vor allem auch die unausgesprochenen, aufgenommen sind und den Menschen weithin leiten. Diese Entwicklung, in der sogenannten »ödipalen Phase« als Abschluß der frühkindlichen psycho-sexuellen Entwicklung, vergleicht Freud mit dem Drama des Königs Ödipus (daher hat sie ihren Namen), wie es in der Tragödie von Sophokles dargestellt ist, und meint: »Das Schicksal des Königs Ödipus ergreift uns nur darum, weil es auch das unsrige hätte werden können, weil das Orakel vor unserer Geburt denselben Fluch über uns verhängt hat, wie über ihn. Denn, wie Ödipus, leben wir in Unwissenheit der die Moral beleidigenden Wünsche, welche die Natur uns aufgenötigt hat« (GW II/III).

Ich will hier von meinen Zweifeln an der Auslegung und Verwendung dieses Mythos durch Freud absehen. Dazu gäbe es viel zu sagen, weil ja die ganze *Vor*geschichte des Königs Ödipus im Drama des Sophokles nicht aufgenommen und verarbeitet ist. Ich will nur soviel anmerken: Der Fluch ist über Laios, Ödipus' Vater, wegen einer Untat verhängt, zu deren Sühne er, Laios, von seinem eventuellen Sohn getötet werden würde. Nehmen wir die Schlußfolgerungen, die Freud daraus zieht – Fluch wegen unserer »Unwissenheit der die Moral beleidigenden Wünsche, welche die Natur uns aufgenötigt hat« –, dann hat er zwei wichtige Aussagen gemacht und damit wohl gleichzeitig ein herrschendes Verständnis der Sexualität formuliert.

Das betrifft vor allem »die Natur des Genitalzieles«. Freud schreibt (z. B. in GW XIII), die Entwicklung von den prägenitalen Stufen zum Primat der Genitalien sei notwendig im Dienste der Fortpflanzung – das sind »die aufgenötigten Wünsche der Natur«. Und zweitens: wegen dieser gebe es eine Moral, die vor allem den Inzest verbietet (was nicht immer so war, wie die Geschichte lehrt). Ob die Einführung der Sexualmoral vorzugsweise zusammenfällt mit der Entwicklung von Privateigentum und später Erbrecht oder aus erbbiologischen Gründen, mag dahingestellt bleiben. In Freuds Mitteilung über die Moral steckt – für mich – noch eine andere und wohl ebenso herrschende Auffassung: Sexualität diene, nach der Natur des Genitalzieles, nur dem Fortpflanzungsakt. Freud scheint dieser Auffassung zu sein, denn alle Kulturleistungen sind ja nach seiner Auffassung »sublimierte«, umgewandelte, zu »Höherem« statt zur Paarung verwendete Sexualenergien (vgl. z. B. GW VII, XIV, XV). Wenn ich etwa an das Mittelalter oder an das Zeitalter des Barocks denke, kann ich dieser Hypothese schwerlich folgen. Sie ist für mich Ausdruck einer Moral zur legitimen und legalen Sicherung des »Naturzieles« Fortpflanzung.

Mit seinem Griff in den Mythos vom König Ödipus zeigt Freud nicht nur eine möglicherweise kritische Schwelle in der menschlichen Entwicklung auf, er formuliert (und postuliert unausgesprochen) die offizielle gesellschaftliche Bindung und Normierung der Sexualität – ganz streng genommen männlicher Sexualität –, außerhalb derer sie ein Fluch ist.

Ich glaube, Eros und Sexualität müssen aus dieser einseitigen Bindung an Fortpflanzungszusammenhänge durch eine neue Bewußtheit dessen, was Sexualität im umfassenden Sinne ist, erlöst werden.

Bei aller Anerkennung der Naturtatsachen und der Naturziele können wir heute Sexualität nicht mehr nur im Naturzusammenhang verstehen. Menschliche Natur ist zwar kreatürlich wie die der Pflanzen und Tiere, also auf Vermehrung und Fortpflanzung angelegt. Und insoweit sind wir direkt mit der übrigen Kreatur verbunden. Aber das ist doch beileibe nicht alles! Wozu hat uns die »Natur« mit der Fähigkeit zur Bewußtheit und zur Reflexion ausgestattet? In diesem Naturzusammenhang der Fortpflanzung und Fortpflanzungsmöglichkeiten leben wir seit Jahrtausenden. Das hat unsere Psyche geprägt und wirkt in den Kräften des kollektiven Unbewußten, den Archetypen weiter.

Nun leben wir heute, das heißt auch auf einem übervölkerten Planeten mit seinen schwindenden Ressourcen und seinem endlosen Hungerelend für Milliarden von Menschen. Also ist wie nie zuvor das Thema *Geburtenkontrolle* gestellt. Und wenn man Geburtenkontrolle sagt, sagt man natürlich mit: *Verhinderung* des jahrtausendelang gelebten »Naturzieles«. Aber es gibt – wie Carl Friedrich von Weizsäcker sagt (Fragen an die Tiefenspsychologie) – nicht den allergeringsten naturwissenschaftlichen Grund anzunehmen, daß die Fertilität (die Fähigkeit eines Lebewesens, Nachkommen zu erbringen) von selber abnimmt. Also kann die Geburtenzahl nur abnehmen durch eine Änderung der Verhaltensweise aufgrund eines neuen Bewußtseins des Menschen. Und das tut sie auch. Was aber heißt das für den Menschen heute, sich aus dem »Naturziel« heraushalten zu müssen oder es nur sehr begrenzt zulassen zu dürfen? Rational ist klar, daß – soweit wir derzeit wissen – die Geburtenkontrolle unvermeidlich ist. Wie aber werden wir innerlich damit fertig? Mich (und meine Generation) trifft diese Frage nicht mehr. *Wir* haben Kinder, mehrere. Und wir haben unseren Kindern auch diesen »Fortpflanzungszusammenhang« vermittelt, nicht nur in unseren Vorstellungen. Sie haben es ja direkt erlebt. Und daraus sind ihre frühen und entscheidenden Vor-Formulierungen ihres inneren Selbst- und Weltverständnisses geworden, wie unsere durch unsere Eltern. Aber das paßt nicht mehr in die heutige Welt. Also müssen sie sich anders verstehen lernen als Mann oder als Frau. Nicht mehr nur als biologisch »Zeugende« oder als biologisch »Empfangende und Gebärende«, als jeweils die je »bessere Hälfte« des anderen mit all dem jeweils zugeschriebenen »Rollenverhalten« und »Rollenverständnis« im Dienste der Fortsetzung des Menschengeschlechtes. Sondern jeder für sich – ob männlich oder weiblich – ein ganzer Mensch in sich, das heißt ausgestattet mit der Möglichkeit, den jeweiligen psychischen gegengeschlechtlichen Pol in sich zu entfalten und zu integrieren. Diese »Beschaffung« des in sich selber vollständigen, körperlich in einem bestimmten Geschlecht als der jeweilige Gegenpol des anderen lebenden Menschen ist heute zumindest ebenso dringlich wie die Verwirklichung des Naturzieles.

Also werden unsere Kinder ihren Kindern, unseren Enkeln, anderes mitgeben, irgendwo das »Alte« und vor allem das Neue und das vielleicht noch mit einer Spur von »schlechtem Gewissen«, weil der eigene innere Widerstreit zwischen Altem und Neuem noch nicht hinreichend gelöst ist. Man kann ja mit den Lösungen von gestern die Fragen von morgen nicht zutreffend beantworten. Sie werden ihren Kindern wieder Antworten anbieten für eine Welt, die dann schon wieder ganz anders aussieht.

Ich für mich bin nicht mehr direkt betroffen von der Frage des »Naturzieles« der Geschlechtlichkeit, denn ich habe es realisiert, und meine »Werde-Gestalt« hat diesen *kreatürlichen* Zusammenhang erlebt. Aber ich muß mich diesen Fragen stellen, weil sie von gegenwartsentscheidender Bedeutung sind. Und ich *bin* ein Teil der Gegenwart.

Sehe ich unter diesem Aspekt (die von mir sehr verkürzt dargestellten) »Entwicklungsstufen der Libidoorganisation« mit dem Genitalprimat zur Sicherung des Genitalzieles meiner Fortpflanzung als Beitrag zur Fortpflanzung des Menschengeschlechtes, werde ich nachdenklich. Sehr nachdenklich. Warum?

Freud geht von einer »Naturtatsache« aus, von dem der »blinden« Natur innewohnenden und unwiderstehlichen Drang zur Fortpflanzung. Seine ganze Theorie ist von dieser Naturdynamik durchdrungen. Der Mensch – so verstehe *ich* diese Theorie – ist dem ausgeliefert: Alles in ihm drängt zum Genitalprimat und Genitalziel. Und dieser Genitalprimat steht eben im Dienste der Fortpflanzung. Darauf kommt es an, daß der Mensch – und darauf bereiten ihn schon seine frühkindlichen »psychosexuellen Entwicklungsstufen« vor – nur ein einziges Naturziel verfolgt: sich fortzupflanzen. »Fortpflanzung«, Vermehrung ist sicher *ein* Aspekt der »Natur«.

Sehe ich »Natur« insgesamt, so kennt sie allerdings *auch* die Vernichtung von Leben, doch nicht die Vernichtung der eigenen »Art« durch die eigene Art (das wiederum kann nur die Spezies Mensch). Aber bleibe ich bei der »Fortpflanzung« des Menschen. Soll tatsächlich die ganze innere Geschichte des Menschen und seiner Geschlechtlichkeit nur oder wenigstens vor allem dadurch bestimmt gewesen und bestimmt sein, daß er sich »fortpflanzen« *soll?* Er braucht es gar nicht zu wollen, »es« geschieht ihm. Er ist nur dafür verantwortlich, daß es ihm in der – ja von wem denn bestimmten ? – »richtigen« Weise geschieht und nicht wie im »ödipalen Drama«!

Wie gesagt, mich macht das sehr nachdenklich. Ich zweifle an den in Freuds Theoremen formulierten Grund-Auffassungen und den darin enthaltenen Grund-Annahmen, Hypothesen. In die von Freud formulierten »Naturtatsachen« könnte *auch* – ich sage: *auch* – das Grundverständnis *seiner* Zeit von Sexualität, Mann und Frau miteingeflossen sein. Der *damals* immer noch herrschende »Zeitgeist« des Patriarchates könnte dabei massiv mitgespielt haben – unreflektiert und gar nicht reflektier*bar*, *weil* eben dieses Patriarchat sein nahes und nahendes Ende fühlte und deshalb seine Abwehrstrategien verstärken mußte. Biologie *und* Ideologie – Ideologie des Patriarchates – könnten eine unheilige Allianz eingegangen sein zur »Rettung« des Patriarchates, indem der unreflektierte und zu Freuds Zeiten unreflektier*bare ideologische* Anteil unerkannt zum Gesamt der »Naturtatsache« erklärt wurde. Wenn aber etwas als »Naturtatsache« ausgegeben wird, braucht man es, kann man es gar nicht mehr hinterfragen. Und so gerät eine Theorie zu dem, was man in der gegenwärtigen Wissenschaftstheorie ein »geschlossenes System« nennt: Alles, was ein solches Theorem bezweifelt, ist ein Beweis für die Richtigkeit und Gültigkeit der Theorie.

Ich bleibe bei meinen Zweifeln. Freud hat in seinen Theorien etwas formuliert, wovon wir alle, auch heute noch, ganz selbstverständlich in unserem Selbstverständnis von »Mann« und »Frau« ausgehen. Sehe ich mir das genauer an, dann ist darin die ganze Anthropologie und damit die Rollenzuschreibung für den männlichen und den weiblichen Menschen reduziert auf die Fähigkeit zur Erfüllung des »Fortpflanzungsauftrages« als des »Genitalzieles«. Gut, man kann das so sehen, und manche Aspekte moderner »Familienpolitik« enthüllen sich als nichts anderes als dies, ob gesellschafts- oder kirchenpolitisch. Ich frage nur: Ist das der »blinden« Natur zuzuschreiben?

Ich glaube, daß es dem Humanum nicht entspricht, sich nur als »Fortpflanzungsauftrag« zu verstehen. Ich glaube es auch dann nicht, wenn sich alle psychologischen, gesellschaftlichen oder konfessionellen Ideologien sträuben, weil sie ihre Herrschaft über den Menschen nicht aufgeben können. Dann aber müssen wir uns *neu* verstehen. Neu verstehen, was es heißt, als Mann oder als Frau geboren und »in die Welt gesetzt« zu sein. Ich leugne nicht, daß die Natur mich *auch* in den»Fortpflanzungszusammenhang« stellt. Aber das ist »Natur«, und ich bejahe und anerkenne sie. Bloß, daß mein ganzes Wesen allein von dieser »Naturtatsache« her bestimmt sein soll, das vermag ich – *heute* ! – nicht mehr einzusehen. Ich brauche mich doch nur umzublicken. Wie viele Menschen sind – aus welchen Gründen immer, sogenannten »neurotischen« oder sogenannten »schicksalhaften« oder aus persönlichen und bewußt entschiedenen Gründen – unberührt vom »Naturzusammenhang«, obwohl sie Mann oder Frau sind und damit *potentiell* fortpflanzungsfähig.

Wir stehen an einer Schwelle! An einer historischen Schwelle. Ich wehre mich – wie Sie vielleicht auch – gegen so große Worte wie »historisch«. Aber wir stehen an einer solchen. Hier und jetzt ist neues Selbstverständnis von Mann und Frau einfach fällig. Meine Existenz, meine körperliche Befindlichkeit – Mann oder Frau – in *dieser* Zeit weist mich unausweichlich darauf hin, mich nicht nur in der Paarung zum Zwecke der Zeugung von körperlicher Nachkommenschaft zu verstehen. Meine Leiblichkeit ist ein Signal und ein Symbol: Die bisherigen »Rollen«, »Geschlechterrollen« sind Festschreibungen aus dem reinen Naturzusammenhang. Heute kommt es darauf an, diesen zu überschreiten!

Leiblichkeit ist ein unübersehbarer Hinweis auf meine Einbettung in den Kosmos. Vordergründig: Ich bin *potentiell* in der Lage, zur Fortpflanzung meinen Teil beizutragen. Aber *dahinter* steht doch – wenn wir die Chiffre der Körperlichkeit entziffern – der Auftrag, meine *Generativität* als *Kreativität* in diesen Kosmos einzubringen, indem ich auch alle die Seiten in mir zur Entfaltung und zum Leben bringe, die – von der Naturtatsache her definiert – dem anderen Geschlecht »vorbehalten« waren. Wenn ich als Mann *mein* Weibliches, als Frau mein Männliches in mir entfalte, bleibe ich Mann oder Frau. Aber ich habe Möglichkeiten zur Verfügung, die mir bisher verschlossen waren: mir als Mann meine »weiblichen«, mir als Frau meine »männlichen« Seelenanteile, der jeweilige geschlechtliche Gegen-Pol in meiner Psyche.

Der Gegen-Pol ist es auch, der mir in der realen Gestalt einer realen Frau, also *außerhalb* von mir, begegnet. Dies erklärt die plötzliche und totale Faszination eines Mannes von einer Frau, einer Frau von einem Mann – scheinbar blind gegen alle Realität. Die Jungsche Psychologie nennt den gegengeschlechtlichen Seelenanteil des Mannes »anima«, den der Frau »animus«. Und eben *weil* diese gegengeschlechtlichen Anteile *im* Menschen sind und *die* »Eigenschaften« haben, die »dem Mann«, »der Frau« zugeschrieben, aber in sich selber nicht wahrgehabt, geschweige denn *gelebt* werden, werden sie in die real erscheinende Person *hinein*gesehen, ohne daß die reale Person diese Eigenschaften auch tatsächlich hat *und* lebt. Dieses Hineinsehen aus dem heraus, was *in* einem selber nicht leben darf, nennt man Projektion. Und damit wird vielleicht auch klar, warum eine *reale* Person solch »unwiderstehliche« Anziehungskraft haben kann: Die durch die »Pro-jektion« mitgestaltete Erscheinung des anderen ist *auch* Ausdruck meiner eigenen inneren »Seelenanteile«. Und da diese mir, weil *in* mir nicht wahrgenommen und nicht gelebt, *fehlen*, brauche ich sie unbedingt zu meiner Vollständigkeit. Wenn es dabei *bleibt,* daß der/die andere statt meiner diesen Teil lebt, der mir bislang fehlte, versäume ich mich wieder, weil *ich* nicht zu meiner eigenen Vollständigkeit komme. Zu meiner »Vollständigkeit« oder »psychischen Ganzheit« kann ich nur gelangen, wenn ich genau die Eigenschaften in mir entwickle *und* lebe, die mich angezogen haben. Ein Beispiel: Ein Gelehrter von internationalem Rang, Naturwissenschaftler, der – wie man so sagt – nur der Wissenschaft gelebt hat, verheiratet mit einer Frau, die seine wissenschaftlichen Ambitionen, Interessen, Arbeitsgebiete voll geteilt hat, wird plötzlich hingerissen von einer leidenschaftlichen, gefühlvollen, alles, was Körpernähe und Intensität anbelangt, bejahenden Frau, die nicht unintelligent ist, aber ohne eigene »wissenschaftliche Karriere«, weil ihr dieses Leben wichtiger war. Auch die Frau ist hingerissen von diesem supergescheiten Mann. Alle gesellschaftliche Reputation wird völlig belanglos. Ich nenne dieses

Beispiel nicht, um intensive Begegnungen als »nichts als Projektion« abzutun und mit dieser begründbaren Diagnose meine etwaige moralische Entrüstung zu tarnen! Und dann zu fordern, hier hätte die jeweilige »Individuation«, das heißt Ganzwerdung, ausschließlich innerpsychisch zu geschehen. Ganz so einfach scheinen mir die Dinge nicht zu liegen. Der Weg »im Außen« *kann* sehr wohl ein Weg zum »Innen« sein, und der »innere Weg« kann aus Angst vor der Außen-Begegnung gewählt werden. Entscheidend scheint nur zu sein, daß Weg *und* Ziel die jeweilige eigene, gelebte psychische Ganzheit sind. Und um diese geht es heute für jeden Mann, für jede Frau, wenn sie, jeder, ihre Werde-Gestalt leben wollen. Vom »Naturzusammenhang« her gesehen erscheint es sehr einfach: Der »Mann« gehört dem zeugenden, die »Frau« dem befruchtbaren Geschlecht an. Wer dem einen oder dem anderen Geschlecht zugehören wird, das hängt – biologisch – von den Chromosomen ab. Ist damit aber schon »die Anatomie unser Schicksal«? Einerseits ja: Werde ich als dem zeugenden Geschlecht zugehörig geboren, werde ich niemals den intensiven Prozeß werdenden Lebens in meinem Leib, niemals Geburt und Stillzeit leiblich erfahren *können*. Werde ich als dem befruchtbaren Geschlecht zugehörig geboren, werde ich niemals den sich im Zeugungsakt erschöpfenden und darauf beschränkten, sich biologisch aber weiter nicht auswirkenden Geschlechtsakt erleben. Als Mann bin ich von fundamentalen Körpererfahrungen (in denen eine Frau alle ihre Seiten erlebt, auch die seelischen und geistigen) ausgeschlossen. Jedes Geschlecht hat seine Erfahrungsmöglichkeiten, von denen das andere immer ausgeschlossen ist. Und sicher sind in den biologischen Möglichkeiten und Unmöglichkeiten psychische Dispositionen und Grenzen. Aber muß das heißen, daß der Mann, weil von Schwangerschaft, Geburt, Stillzeit nicht belastet, *deshalb* die »Vorherrschaft« übernimmt, das Denken, die Aktivität, das Organisieren, Handeln, Verwalten, Kämpfen usw. ihm allein »zusteht«? Muß das heißen, daß nur die Frau fühlen, passiv sein, empfangen und nur vom Mann her sich definieren kann? Oder muß das heißen, daß eine Frau nur dann eine Frau ist, wenn sie Kind(er) empfangen, geboren, gestillt hat, und ein Mann ein Mann, wenn er Kind(er) gezeugt, einen Baum gepflanzt und ein Haus gebaut hat?

Nein, die Anatomie ist nicht nur unser Schicksal! Wir tarnen unser Selbstverständnis und die damit mögliche Rollendefinition als Anatomie, um damit gesellschaftliche Grenzen und Unterentwicklung rechtfertigen zu können. Mir scheint, alle »Identitätskrisen« von Frau und Mann, im Klimakterium der Frau wie in dem des Mannes sind von der »Natur« her *Signale,* jetzt doch endlich zu begreifen, daß wir nicht nur »zeugend« oder »gebärend« im Naturzusammenhang stehen, sondern wir sind in unserem Leib allemal, aber als »psychische Ganzheit«! Es hat des ethnologischen Beweises bedurft, daß die Anatomie in *diesem* Sinne nicht unser Schicksal ist. In Südseekulturen zum Beispiel sind genau *die* Eigenschaften »männlich«, die bei uns »weiblich« sind und umgekehrt. Vielleicht mußten wir bislang die »Anatomie« verantwortlich machen – einschließlich der »Entwicklungsstufen der Libido-Organisation« –, um uns nicht eingestehen zu müssen, daß wir zwar anatomisch unsere Grenzen, unsere Ängste und unseren Neid haben, daß wir aber *psychisch* alle Möglichkeiten hätten – wenn wir sie uns, und das heißt unser »Selbst«, nicht behindern ließen.

Wenn der bisher erkenn- und versteh*bare* »Naturzusammenhang« zu Rollen-Definitionen geführt hat, die jetzt aber als gesellschaftlich bedingt entlarvt wurden, und heute andererseits – mit Jung – die *»psychische* Ganzheit« durch die Entfaltung des *psychischen* gegengeschlechtlichen Anteiles so betont wird, scheint mir aber eine neue Gefahr aufzukommen. Ich möchte sie die »Psychisierung« und Spiritualisierung nennen, mit der wir wieder eine Spaltung und diesmal im Namen der »Ganzheit« machen würden: als ob der Leib mit *seinen* Erfahrungen ausgeschaltet werden könnte. Das hört sich dann in psychologischer Sprache so an: die innerpsychische Vereinigung der Gegensätze »männlich/weiblich«. »Conjunctio oppositorum« genannt. Großartig, würde ich sagen. Das ist ganz fundamental wichtig und unumgehbar. Und doch hätte ich Zweifel, wenn diese »Psychisierung« und Spiritualisierung die »Somatisierung« (Verleiblichung) oder »Inkarnierung« (Fleischwerdung) ausschalten müßte.

Generativ leben heißt für mich, sein Geschlecht möglichst in vollem Umfange zu erfahren, auch außerhalb des »Fortpflanzungszusammenhangs« und unter Aufhebung der psychisch-geistigen Spaltung durch gesellschaftliche oder kulturelle Rollenzuweisungen als »männlich oder weiblich«.

Freilich, dem steht noch viel im Wege, auch in meinem Wege. Denn die bisherige Geschichte im vorangegangenen Weltalter steht nicht allein in dicken Büchern, sie steckt uns im Blut! In der wunderbaren Oper Mozarts nach einem Text von Schikaneder »Die Zauberflöte« zieht sich diese Spaltung durch: die Paare Tamino und Pamina als das himmlische, lichte Paar einerseits, Papageno und Papagena als das triebhafte Paar andererseits. In dem wunderschönen Duett zwischen Papageno und Pamina wird die Frau völlig vom Mann her definiert: »Bei Männern, welche Liebe fühlen, fehlt *auch* ein gutes Herze nicht«, singt Pamina. Und Papageno antwortet: »Die süßen Triebe mitzufühlen ist dann der Weiber erste *Pflicht!«* Und die ganze Beziehung Mann–Frau wird auf den Naturzweck der Nachkommenschaft reduziert und darin ins Göttliche erhoben: »Ihr hoher Zweck zeigt deutlich an, nichts Edlers sei als Weib und Mann« – wodurch sie an die Gottheit reichen an. Im Schlußduett singen Papageno und Papagena: »Es ist das höchste der Gefühle, wenn viele, viele, viele Papageno, Papagena der Eltern Segen werden sein.«

Generativ leben heißt für mich heute: Durch die Erfahrung meiner selbst in meinem Leibe erfahre ich mich wörtlich

»leibhaftig« als Teil der kosmischen Energie. Meine Kreativität bedeutet, daß ich, ob Frau oder Mann, vom Kosmos »empfange« und in den Kosmos hinein »zeuge«! Dies im ganzen Umfange sich zum Bewußtsein zu bringen und bewußt zu halten, könnte ungeheuer fruchtbare Konsequenzen haben, auch im ganz realen alltäglichen Leben.

Sehe ich »Generativität« wie hier beschrieben, dann tun sich Wege auf in alle Bereiche hinein: beruflich und – das ist mir für den psychologischen Zusammenhang ebenso wichtig – sozial und leiblich: Die »Rollenzuschreibung« ist aufgehoben, entscheidend ist der Grad der Differenzierung der Persönlichkeit. Aufgehoben ist auch die Diffamierung der »Stände« ledig, verheiratet, geschieden, alleinerziehend usw. Und es gibt die Leib-Wirklichkeit in allen Formen: zwischen Mann und Frau ebenso wie zwischen Mann und Mann und Frau und Frau; mit sich selber; in neuen »Großfamilien«; als Kommunen mit Verheirateten und Nicht-Verheirateten; Freundschaften; als »Singles«, im Entweder-Oder oder im Sowohl-Als-auch. Und das in allen Lebenszyklen, solange die Bio-Psyche, die »Werde-Gestalt«, diese »Sprache« versteht und beantwortet. Unmittelbare Erfahrung kann nicht durch Phantasie ersetzt werden. Die Bewegungen sind längst im Gange. Auffallend ist nur, daß wir sie leugnen möchten. Wo aber eine Wirklichkeit wie die fundamentale meiner leiblichen Erfahrung bei mir selbst und beim anderen unterdrückt oder ausgeschaltet wird, da hat das nicht nur unausbleibliche Folgen für mich, da leugne ich letztlich meine kosmische Identität.

Welche Möglichkeiten der einzelne wählt, ist allein seine Entscheidung und Verantwortung. Niemand kann sie ihm vorschreiben, wenigstens nicht im Namen des Humanum. Ich bin meines, und ich kann nur meines leben. Doch auch da gilt wie in allen Stadien des Lebens: »Nichts ist sicherer als die Unsicherheit und nichts beständiger als der Wechsel.«

Mann- oder Frau-Sein und -Werden verweist – vom »Naturzusammenhang« her – auf *meine* Einbettung in den Kosmos und meinen Lebensauftrag: *mich,* als meine nur mir mögliche Variante des Daseins, durch die volle Erfahrung meiner Leiblichkeit in der Polarität zur anderen Leiblichkeit zu leben.

EROS UND SEXUALITÄT

„Monotheistisch“ oder „polytheistisch“?

Die ganze Schöpfung ist voller Gesang. Sie singt in ungezählten und unzählbaren Variationen das Lied des Lebens, des Lebendigen im Werden und Vergehen.

Wenn ich *da* bin, bin ich ein Teil davon, Teil eines endlosen Lebensstromes, der sich immer wieder erneuert, entfaltet, ausfaltet in mir, durch mich, in anderen, durch andere. Ich *habe* nicht nur teil daran, ich *bin* ein Teil davon. Wo ich diese Energie am unmittelbarsten, lebendigsten erfahren kann, ist im *Eros*. Eros ist die eigentliche Kraft, in der sich Leben und Liebe zum Leben äußert.

Dem griechischen Mythos nach ist Eros die dem Chaos entstiegene Gottheit, die dem Werden die entscheidenden Impulse verlieh: eine kosmogonische, weltschaffende Kraft also, die das Universum zusammenhält. Er ist einer der ältesten und mächtigsten Götter der Griechen, der die Liebe zwischen den Geschlechtern entfachte, aber auch die Knabenliebe (Pädophilie).

Für die Jungsche Psychologie ist Eros einer der großen »Archetypen«. Mit diesem von Jung eingeführten Begriff »Archetypen« sind unpersönliche und zeitlose Verhaltensmuster gemeint, die das von Jung angenommene allumfassende, *über*persönliche psychische Feld des kollektiven Unbewußten strukturieren. Sie sind vergleichbar den biologischen Instinkten der Lebewesen, aber auch den präformierten Strukturmustern der Kristalle, die latent vorhanden sein müssen, wenn sich ein Kristall in einer übersättigten Mutterlauge bildet. »Modern formuliert entsprechen Archetypen etwa dem, was wir als *Programme* für die *Bau- und Verhaltensmuster* des Lebendigen bezeichnen, mit der Einschränkung, daß für Jung die Wurzeln der Archetypen im Transzendenten zu suchen sind« (vgl. F. Doucet, Psychoanalytische Begriffe).

Eros ist also *die* Kraft des Lebens, die zum Lebendigen

zielt, Lebendiges schaffen, erhalten, vermehren, entfalten, Tod und Totes überwinden will. Eros ist der große Vereiniger, der das Getrennte aufheben, und der Versöhner, der alle Gegen-Sätze zu einem Neuen, Ganzen verbinden will, der Beziehungen und Engagement schafft. Eros stellt eine *vitale* – und *insofern* unpersönliche oder überpersönliche – Kraft dar, »die uns in die Wirren des Lebens hineinwirft, vieles durcheinanderbringt und die Psyche oft in Angelegenheiten verwickelt, die sie überhaupt nicht verstehen kann . . . Er gründet im Begehren und in den speziellen Affekten wie Verlangen, Nach-Höherem-Streben, Sich-für-etwas-Entflammen, sterben . . .« (v. Franz/Hillman, Zur Typologie C. G. Jungs).

Eros ist überall, wo Engagement ist, zum Beispiel auch in Kunst, Religion, Wirtschaft, Politik, Wissenschaft. Ich kann in wissenschaftlichem Eros sein und so über Wissenschaft reden, aber ich kann nicht wissenschaftlich über Eros sprechen, das wäre ein Widerspruch in sich selbst.

Die ganze Schöpfung ist voller Gesang, auch wenn mein Leben im Augenblick verdunkelt und selbst die letzte Melodie in Moll am Verklingen ist. Solange ich die Tendenz zum Leben nicht verfehle oder mich ihr nicht gar verschließe, so lange bin ich im Eros.

Wenn ich Eros sage, meine ich gleichzeitig *mit:* Sexus und Sexualität. *Sexus* heißt: Geschlecht. Ich *bin* in einem Geschlecht, denn ich bin in einem männlichen oder weiblichen Körper. Das ist meine Grenze und meine Möglichkeit. *In* und *mit* meinem Körper stehe ich zwar im Naturzusammenhang. Aber dieser »Naturzusammenhang« weist mich zugleich über mich hinaus; denn in meinem Körper hat »Lebensenergie« Gestalt angenommen, eine Gestalt, die in den Kosmos hineinwirkt.

Biologen und Philosophen nehmen übereinstimmend an,

daß alles, was lebt, vom biologischen Prinzip des Wachstums bestimmt ist und daß es eine Qualität aller lebenden Substanz ist, zu leben und seine Existenz zu erhalten (E. Fromm, Das Menschliche in uns). Dem biologischen Prinzip folgend, geschieht »Erhaltung der Art« unter anderem in der Fortpflanzung. Fortpflanzung, das sind die – wie Freud sagt – »Wünsche, welche uns die Natur aufnötigt«. Das ist also eine Naturkraft mit der ihr innewohnenden Dynamik, die in meinem Geschlecht mitgegeben ist. Als Geschlechtlichkeit wird verstanden »die gesamte, die primären und sekundären Geschlechtsmerkmale der Lebewesen einschließende und über sie hinausgehende leibliche und seelische Disposition der beiden Geschlechter, einschließlich der Fähigkeit zu geschlechtlicher Fortpflanzung«. *Sexualität* meint demzufolge die *Geschlechtlichkeit* als »Gesamtheit aller Verhaltensweisen, Triebe und Bedürfnisse bei Mensch und Tier, die sich auf den Geschlechtsakt oder im weiteren Sinne auf die Befriedigung des Sexualtriebes beziehen« (Brockhaus).

So umgrenzt und zielgerichtet Sexualität in dieser Definition erscheinen mag, so wenig ist sie es. Sie ist einerseits ganz biologisch, körperlich, andererseits seelisch und geistig. Das eine ist sozusagen die Vorder-, das andere die Rückseite ein und desselben. Ich *bin* es, und zwar zu allen Zeiten, nicht nur in bestimmten Augenblicken und zu bestimmten Zwecken. Man kann die eine oder die andere Seite leugnen, und wir haben es lange getan und tun es immer noch. Das ist *eine* der Grund-Spaltungen, die wir uns antun lassen und antun und die uns in unseren Wurzeln trifft. Eine Spaltung, die in den psychischen Spaltungs-Mechanismen wiederkehrt, mit denen sich der Mensch gegen sich, gegen sein So-Sein, das sich in den Aspekten Körper-Seele-Geist ausdrückt, auflehnt.

Wer von Sexualität spricht, spricht von Eros, und wer von Eros spricht, spricht von Sexualität. Sie gehören zusammen, selbst dort noch, wo »nur« Eros oder »nur« Sexualität zu sein scheint. Keines von beiden kann auf die Dauer ohne Schaden ohne das andere sein. Wo Eros das seelische Ergriffensein von einem anderen Menschen ist – und das muß nicht immer nur ein andersgeschlechtlicher sein, also für eine Frau ein Mann, für einen Mann eine Frau –, ist mir unvorstellbar (und darin stimme ich Helmut Barz, Selbsterfahrung, zu), daß dabei keinerlei Wunsch nach körperlichem Ausdruck, wie auch immer, aufkommt. Wie stark dieser Wunsch ist, wie drängend, ob nur, wie das die Fachsprache sagen würde, nach prägenitalen Ausdrucksformen wie körperlicher Nähe, Zärtlichkeit oder nach voller genitaler Beziehung, ist wohl mehr eine Frage der Wahrnehmungsfähigkeit, der Bewußtheit und der Ehrlichkeit vor sich selber. Zur Bewußtheit sind alle vier (von Jung beschriebenen) Funktionen nötig: Empfinden, Intuieren, Fühlen und Denken.

Ich möchte nicht um etwas herum- oder schönreden. Wenn ich von genitaler Beziehung spreche, spreche ich von körperlicher Vereinigung. Ich möchte *deshalb* um nichts herum- oder schönreden, weil ich nicht der Auffassung sein kann, Eros und Sexualität bedürften erst der Heiligung oder höheren Weihe, zum Beispiel durch die Erfüllung des Zweckes Nachkommenschaft und/oder durch personale Liebe und/oder Agape. Eros und Sexualität haben ihre Würde in sich selber, weil sie biologische *und* psychische Naturtatsachen sind, Ausdruck inkarnierter Lebensenergie, die man allenfalls dadurch entweiht, daß man glaubt, sie erst »Höherem« weihen zu müssen, ehe man sie überhaupt zur Kenntnis nimmt, geschweige denn lebt! Und wer glaubt, die Notwendigkeit »höherer Weihen« aus der Psychologie C. G. Jungs herleiten zu können, kennt offenbar Jung nicht genügend. Hören wir Jung in seinen eigenen Worten: »Es ist ein weitverbreiteter Irrtum zu meinen, ich sähe den Wert der Sexualität nicht. Im Gegenteil, sie spielt in meiner Psychologie eine große Rolle, nämlich als wesentlicher – wenn auch nicht einziger – Ausdruck der psychischen Ganzheit« (Jung, Erinnerungen). Und an anderer Stelle:

»Nichts ist ekelhafter als eine heimlich sexualisierte Geistigkeit; sie ist ebenso unreinlich wie eine überschätzte Sinnlichkeit . . . Wir können nur vorwärtsstreben nach jener Einstellung, die es uns erlaubt, so zu leben, wie es die ungestörte Bestimmung des primitiven Menschen eigentlich will. Nur unter dieser Bedingung sind wir imstande, den Geist nicht in Sinnlichkeit und die Sinnlichkeit nicht in Geist zu pervertieren, denn beide müssen leben, da der eine vom anderen sein Leben bezieht« (C. G. Jung, GW Bd. 17). Oder, um es in einem Bilde von G. R. Heyer zu sagen: »Wo die Schlange nicht lebt, kann der Vogel nicht fliegen.«

Es ist und bleibt deshalb das historische Verdienst Sigmund Freuds, nicht nur das Unbewußte in der Psyche des Menschen wiederentdeckt zu haben. Freud hat in seinem Werk mit allem Nachdruck und – wie mir scheint – mit ungeheurem persönlichem Mut zu der ihm zu *seiner Zeit möglichen* Wahrheit über sich selber die Bedeutung der Sexualität für die Entwicklung des Menschen deutlich gemacht und sie aus ihrer öffentlichen Unterdrückung, Verpönung, Verachtung und Tabuisierung befreit.

Die ganze Schöpfung ist voller Gesang. Sie singt in unzählbaren Variationen das Lied des Lebens. Wo es am intensivsten und unmittelbarsten – weil alle Aspekte des Menschen mitbeteiligt sein können – erlebt und erfahren werden kann, ist in Eros und Sexualität. Mit Eros und Sexualität stehen wir auf unmittelbarste Weise im Natur- und Fortpflanzungs-Zusammenhang. Das ist die eine Seite. Die andere Seite ist, daß wir in der Gegenwart leben, heute, hier und jetzt. Wenigstens real und tatsächlich, auch wenn der eine oder andere seiner psychischen Verfassung nach nicht in der Gegenwart lebt. Man muß psychisch, das heißt seiner inneren Verfassung nach, nicht in der Gegenwart leben. In der Gegenwart leben heißt eine neue Bewußtseinsstufe leben zu können, das heißt sich seiner selbst, seiner inneren und dabei auch der sogenannten »dunklen

Seite« – der »Rückseite des Herzens« (Hillman) – bewußt zu sein und ihr gemäß zu handeln. Bin ich das, dann bemerke ich, daß die Schwingungen des Universums in der sexuellen Vereinigung mit dem einzigen Partner *eine* – wenn auch variierende – »Tönung« sind. Und ich könnte gewahr werden, daß ein anderer eine weitere, andere Tönung ergibt. Also drängt sich die Frage mehrdimensionaler Beziehungen auf: nicht mehr »monotheistisch«, sondern »polytheistisch« (ich entlehne diese Bezeichnung einem Beitrag von James Hillman zur Frage: »Die Psychologie: Monotheistisch oder polytheistisch?«). Ängste vor solchen Tönungen können innere Stauungen der Lebensenergie erzeugen, die sich gefährlich destruktiv entladen.

Ich will das zunächst an einem Schicksal zu verdeutlichen versuchen: *Gregor,* Anfang Vierzig, Fachlehrer in einer Berufsschule. Von seinem Habitus her, wie er sich gibt, wie er sich kleidet, wie er mit seinen Schülern umgeht, ein Mann, der voll in der Gegenwart lebt, sensibel für alle Strömungen dieser Zeit, wach und aufgeschlossen, voller Verständnis für alles, was die Heranwachsenden politisch, intellektuell, psychisch bewegt. Man kann gar nicht anders als annehmen, was er da vermittelt an Lebensentwürfen, das *lebe* er schon. Nur zu Hause, bei seiner Frau und seinen drei Kindern, wird ein anderer Gregor spürbar. Seine Frau – angeregt durch Gregors Progressivität im besten Sinne – hat angefangen, ihre eigene Weiterentwicklung nicht mehr an Gregor zu »delegieren«, sondern selber anzugehen. Gregor trifft das schwer. Seine Bejahung gewandelter Auffassungen über Liebe, Sexualität und »offene Ehe« hatte sein bisheriges Selbst- und Welt-Verständnis in Wirklichkeit schwer strapaziert. In letzter Zeit hatte er – organisch unbegründet – zunehmend Kreislaufanomalien, Schwindelgefühle und unklare Herzbeschwerden zu beklagen. Gelegentlich eines von seiner Frau initiierten Gespräches über Nena und George O'Neills Buch »Die offene Ehe« kommt es plötzlich zu bis dahin nicht gekannten Auseinandersetzungen zwischen den Eheleuten. Diese »Szenen einer Ehe« wiederholen sich für beide immer häufiger und sehr schmerzlich. Gregor wird depressiv. Das gemeinsame Lebenskonzept ist in Frage gestellt. Dieses streng und idealistisch den Traditionen verpflichtete Konzept hatte bei ihm schon längst, ohne daß er das sich eingestehen konnte, seine Überzeugungs- und Lebenskraft verloren.

Man kann also in der Gegenwart leben und dabei inneren Mustern, Bildern, Auffassungen, Weltanschauungen vergangener Epochen verpflichtet bleiben und danach sein Leben ausrichten, seine Wertentscheidungen treffen. Das ist dann zwar eine Spaltung, von meinem Verständnis her gesehen sogar eine buchstäblich lebensgefährliche für den einzelnen, obwohl es ihm dabei ganz gut gehen mag. Lange Zeit. Was aber dann, wenn die Gefahr spürbar wird? Wird er sie dann aufzuheben in der Lage sein, oder wird die Angst vor den inneren und äußeren Konsequenzen zu groß sein? Wird er den Mut vor sich selber und vor anderen und die Kraft zur tätigen Veränderung aufbringen? Oder wird er erneut sich zu spalten versuchen? Das muß nicht gleich im klinischen Sinne zu manifesten Formen des Spaltungs-Irreseins führen. Es gibt dafür viele Formen und Möglichkeiten.

Und wie, wenn diese latente »Spaltung« des einzelnen wegen des daraus folgenden nichtgelebten Lebens nicht nur in die Selbst-Destruktivität implodiert, die man dann volkstümlich als »heimtückische Krankheit« oder als »völlig unerwarteten Tod« bezeichnet, sondern wenn diese Frage nach einer neuen Lösung der Geschlechterbeziehungen letztlich über Krieg und Frieden und Zerstörung dieses Planeten entscheidet?

Carl Friedrich von Weizsäcker, Physiker und Philosoph von Weltrang, berichtete von einer Tagung (1964/65!) internationaler Rüstungs- und Abrüstungsexperten. Bei dieser Gelegenheit sprach er mit einem der besonders guten englischen Kenner dieser Fragen über einen anderen, einen anglikanischen Bischof, der jetzt unter den Abrüstungsexperten fehlte. Und auf die Frage, was dieser Bischof jetzt mache, kam die Antwort: »Ja, er hat das aufgegeben, er gibt sich jetzt mit Problemen der Jugendsexualität und der Ehemoral ab.« Der Gesprächspartner hatte das offensichtlich in dem Ton gesagt, »es ist doch sehr schade, daß ein so guter Mann sich von so wichtigen Fragen zu so unwichtigen abgewandt hat«. Weizsäkker fährt fort: »Und da ich in seiner Antwort diesen Ton hörte, sagte ich ihm: ›Ja, das finde ich eigentlich sehr klug, der scheint sich den wirklich wichtigen Problemen zuzuwenden.‹ Darauf sah mich mein Partner etwas erstaunt an, ›wieso, was meinen Sie?‹ Da sagte ich: ›Ja könnten Sie sich nicht auch vorstellen, daß wir vielleicht das Problem der Abrüstung und des Weltfriedens erst lösen, wenn wir unsere sexuellen Probleme etwas besser in den Griff bekommen haben?‹«

Ich zitiere weiter: »Da sagte er: ›Erklären Sie mir das mal.‹ Als er aber sagte: ›Erklären Sie mir das mal‹, hatte ich das Gefühl, daß es nicht sehr leicht sein würde, es ihm zu erklären, und so habe ich dann eigentlich das Gespräch wieder auf andere Themen abgelenkt. Aber all das hängt doch offenbar zusammen, und solange die besten Experten, die über diese Dinge (gemeint ist Abrüstung, Anmerkung von mir) nachdenken, einen solchen Zusammenhang so verblüffend und fremdartig finden, fehlt uns offenbar noch ein entscheidendes Element der Einsicht in die Bedingungen unserer künftigen Existenz« (Weizsäcker, in: Almanach 1965). Unsere Einsichtmöglichkeiten sind aber völlig abhängig von dem, was unsere Psyche zuläßt. Diese Psyche ist durch eine Jahrtausende dauernde Entwicklung vor allem im jüdisch-christlichen Raum dahin gedrängt worden, sich in linear-aufsteigenden Entwicklungsstufen verstehen zu müssen. Das heißt: von der Vielfalt zur höchsten und einzigen Einheit zu streben nach dem Vor-*Bild* des monistisch verstandenen *Gottes-Bildes*. Nach dem

Vorbild des religiösen Monotheismus entwickelte sich praktisch eine »monotheistische Psychologie«, längst ehe sie formuliert war. Am unmittelbarsten und intensivsten wiederum erfahrbar in der Auffassung von Sexualität.

»Monotheistische« Systeme – ganz gleich welchen Inhaltes – sind ihrem Wesen nach absolut intolerant gegenüber allem und jedem, was nicht dem Einen und Einzigen dient. Im Zustand unserer politischen Welt spiegelt sich, nach meinem Verständnis, *auch* unsere »monotheistisch« verstandene Sexualität wider.

Ich lebe in der Gegenwart. In der Gegenwart leben heißt für mich, in einer anderen Bewußtheit leben zu können und zu wollen, als zum Beispiel zu Freuds Zeiten. Freud hat aus seiner Zeit, als – wie er selber von sich sagt – »Kind seiner Zeit« die mit Eros und Sexualität gestellten fundamental-anthropologischen Fragen auf die Ein-Ehe und deren Zweck – Nachkommenschaft, »im Dienste der Fortpflanzung« – reduziert. Er meint nämlich, es habe zwar »auch in der Entwicklungsgeschichte der Familie Massenbeziehungen der sexuellen Liebe gegeben (die Gruppenehe), aber je bedeutungsvoller die Geschlechtsliebe für das Ich wurde, je mehr Verliebtheit sie entwickelte, desto eindringlicher forderte sie die Einschränkung auf zwei Personen – una cum uno –, die durch die Natur des Genitalzieles vorgezeichnet ist« (S. Freud, GW XIII).

Ist Sexualität »monotheistisch« oder »polytheistisch« zu verstehen? – das ist das Problem heute für den, der nicht nur tatsächlich, sondern auch seiner inneren Verfassung nach in der Gegenwart leben will. Und zwar gesund leben und bleiben will. Gesund in dem Sinne, wie Duhm Gesundheit definiert als die »Übereinstimmung der inneren und äußeren Tätigkeit des Menschen mit den Schwingungsmustern des Universums« (D. Duhm, Synthese der Wissenschaft). Die mir heute mögliche Bewußtheit sagt mir aber, daß es keine Frage sei, ob Sexualität nur – zumindest potentiell – im Dienste der Fortpflanzung stehen könne und demzufolge nur – um es mit Freud zu sagen – »una cum uno« möglich sei. Sei es durch die Möglichkeiten, Empfängnis zu verhüten, sei es durch die geschwundene Empfängnisfähigkeit – der zwingende Zusammenhang ist heute – nicht erst seit der sicheren Pille – aufgehoben.

Hinsichtlich des »im Dienste der Fortpflanzung« scheint weitestgehend Übereinstimmung möglich zu sein, allenfalls mit einigen Kirchenvätern nicht. Es *muß* nicht immer nur »Fortpflanzungswille und *-möglichkeit* « sein. Wie aber ist es mit dem »una cum uno« dann, wenn Sexualität zugleich mehr ist oder sein kann als »Triebbefriedigung« im »Dienste der Fortpflanzung«? Denn sie *ist* mehr. Das ist das Kernproblem. Es ist auch mein Problem. Ich verstehe sie »polytheistisch« und ich bekenne mich dazu. Und ich füge mit C. G. Jung hinzu: »Unbekümmert um die soziale und sonstige Distinktion unserer Persönlichkeit erreicht mich hier das Gegenwartsproblem, das ich von mir aus nicht hätte – so bilde ich mir wenigstens ein. Aber hier kann ich es nicht mehr leugnen; ich fühle mich und weiß mich als einer der vielen, und was diese bewegt, bewegt auch mich« (C. G. Jung, GW Bd. 10). Sexualität kann nicht nur »monotheistisch« oder nur »polytheistisch« verstanden werden. Keine der beiden Einstellungen ist »besser« oder »schlechter«. »Besser« oder »schlechter« sind Kategorien, die dort, wo es um psychische Ganzheit und um Bewußt-Sein geht, keinen Platz haben. In der gelebten Sexualität übersteigen wir unsere eigene Grenze in der alle Aspekte umfassenden Erfahrung unser selbst in der Begegnung mit dem anderen und in der Bezogenheit auf ihn. Und wir erleben den anderen und das andere. Genau das ist es, was wir zur »psychischen Ganzheit « brauchen.

Das *kann* in einer einzigen und dauerhaften Beziehung eines Paares, zum Beispiel einer Ehe, sein, sofern die Ehe »Freundschaft« ist. »Freunde sind nicht darauf aus, einander zu verbessern, da sie sich ja akzeptieren und ihre Pathologien gegenseitig zugestehen« (Hillman, Die Psychologie . . .).

Sosehr sie sich in ihrer Entfaltung gegenseitig *fördern* und *stützen,* sind sie ganz und gar nicht darauf aus, einander zu beherrschen, zu unterdrücken und zu besitzen. Aber es ist wahr: Die meisten Ehen scheitern nicht aus Mangel an Liebe, sondern aus Mangel an Freundschaft. Wo aber Freundschaft ist, ist Freiheit. Und wo Freiheit ist, *kann* sich polytheistisches Verständnis entfalten.

Wegen der Bedeutung der Sexualität für die Entfaltung der »psychischen Ganzheit«, das heißt der Transformation möglichst vieler unbewußter Seiten – und das sind auch »Energiefelder« in bewußt erlebter »Werde-Gestalt« –, spricht die Jungsche Psychologie vom »Symbol-Charakter der Sexualität«. Das kann ich so verstehen: mich ganz als Teil des Kosmos und der kosmischen Energien leibhaftig zu erfahren in der Überschreitung meiner Grenzen zum anderen – und zugleich mich selber dadurch immer mehr auszudifferenzieren zu dem, was nur ich sein und werden kann. Gerade aber um den symbolischen Charakter der Sexualität erfahren zu können, ist es – wie Helmut Barz sagt – »unerläßlich, daß (ich mich) ihm vorbehaltlos, ohne irgendein Schielen auf ein ›höheres Ziel‹ stelle« (Barz, Selbsterfahrung). Auch »personale Liebe« im Sinne des una cum uno als Ausschließlichkeit kann ein solch »höheres Ziel« sein. Liebe ist nicht nur ein einziges Mal möglich und mindert sich nicht durch Teilung, im Gegenteil. Wo sie lebendig ist, vermehrt sie sich. Denn das ist Liebe: Liebe entfalten, fördern, schützen, vermehren, bejahen. Meine Liebe, mein Ja zu mir in der intensiven Zuwendung zu mir, meiner Werde-Gestalt. Ich »gehöre« mir in allen meinen Aspekten, auch im sexuellen. Wenn ich nicht mir gehöre, wie soll ich dann überhaupt eine Beziehung, die eine wirkliche Beziehung ist, eingehen können? Und je vorbehaltloser ich zu *mir* ja sagen kann, um so mehr kann ich andere lieben.

Vielleicht haben Sie sich einmal – wie ich auch – gegenseitig ausschließlich versprochen und sind durch die Normen der Gesellschaft und der Kirchen einander versprochen worden als einzigem Weg der sexuellen Begegnung. Mag sein, daß das ein Weg ist, und er ist einer für den, der ihn gehen kann. Jeder hat *seinen* Weg, niemand kann mir einen vorschreiben. Ganz einfach deshalb nicht, weil er mich nicht leben kann. Das muß *ich.*

Vielleicht war und ist in dem Versprechen, das uns Kirche und Gesellschaft mit ihren Normen abverlangen, eine große Verheißung »dauerhaften Glückes«. Dann läge in diesen überkommenen Normen aber auch ein Betrug insofern, als die großen Mächte der Normen im übrigen freie, ihrer selbst bewußte, sich selber verantwortende Menschen – in psychologischer Sprache: »Selbste« – gar nicht zulassen können. Dann bestünde dieser Betrug in der Verschiebung psychischer Energien in den allerprivatesten Bereich, um sie von der ja einmaligen Werde-Gestalt *abzulenken.* Und eben dieser Stau der Lebensenergien ist es, der uns als Gesamtheit lebensgefährlich zu werden droht.

Vielleicht auch waren es diese Mächte der Normen, die für viele ein Hindernis schufen, sich in der sexuellen Hingabe liebend und geliebt zu erfahren und in Partnerschaften zu erleben. *Wie* sie sich daraus befreien, kann wiederum niemand vorschreiben. Auch das ist ganz persönliche Entscheidung und Verantwortung für sich selber. Niemand *muß* die Gegenwart mit ihren Bewußtseinsumwälzungen lieben. Wer glaubt, es sich leisten zu können, muß am Bisherigen festhalten. Und es wäre ein Frevel, es ohne innere Reife aufzugeben.

Wer aber den Schritt vom »monotheistischen« zum »polytheistischen« Verständnis der Sexualität zur Verwirklichung seiner »kosmischen Identität« aus kosmischem Bewußtsein glaubt gehen zu sollen und zu können, muß diesen Weg gehen.

Er wird bald zu spüren bekommen, daß Partner sein in einer »offenen Ehe«, in »nebenehelichen Beziehungen« oder so strukturierten Freundschaften kein Spaziergang durch den »Garten der Lüste« ist, sondern ein intensiver Prozeß in neuen Dimensionen. Denn »offene Ehe« oder »nebeneheliche Beziehungen« sind keineswegs »nur die Umetikettierung gesellschaftlich geächteter Beziehungsverhältnisse . . ., um so vorurteilsbehaftete Beziehungen zu vermeiden. Nebeneheliche und außereheliche Beziehungen sind vielmehr unter optionalen wie psychodynamischen Gesichtspunkten verschiedene Phänomene. Nebeneheliche Beziehungen sind in die Ehestruktur integriert und wirken deshalb eher als konstruktive denn als trennende Faktoren . . . Diese Beziehungen können, wie andere interpersonale Verhältnisse auch, isoliert bestehen oder Teil einer umfassenden Struktur sein; sie können kurz- oder langfristig, intensiv oder eher passiv, zufriedenstellend oder unbefriedigend sein« (Constantin und Constantine, in Heigl-Evers).

C. G. Jung hat sich mit dieser Frage bereits 1927 (!) öffentlich in einem Vortrag »Die Frau in Europa« auseinandergesetzt. Er schrieb damals bereits, alte bequeme Wege seien verschüttet, neue Möglichkeiten hätten sich aufgetan (nach dem Ersten Weltkrieg!) oder neue Gefahren seien entstanden, welche die Vergangenheit nicht gekannt habe. Wie man von der Geschichte, sprichwörtlich, nie lerne, so sage sie in bezug auf ein Gegenwartsproblem in der Regel auch nichts. Der neue Weg müsse durch Unbetretenes gebahnt werden, ohne Voraussetzungen und leider oft auch ohne Pietät. Moral sei das einzige, was nicht verbessert werden könne, denn jede Änderung der herkömmlichen Moral sei in deren Sinne bereits eine Immoralität.

Aus der Sicht der Frau mit ihrem untrüglichen Gefühl für Psychisches als dem »wahrhaft gültigen« Standpunkt sei alles das, was der Mann ersinne, um Liebe auf einen faßbaren

Ausdruck zu bringen, »ein recht armseliges Machwerk«. Denn es handele sich für die Frau weder um die wenig geschmackvollen Gesetzesformeln, welche der erotisch blinde männliche Verstand ersinne und der Meinungsteufel der Frau nachbete, noch um »Eheirrungen«, »außerehelichen Geschlechtsverkehr« und »Hintergehen des Gatten«, sondern es handele sich um die Liebe. Nur wer unverbrüchlich an die *traditionelle* Ehe glaube, könne »dergleichen Geschmacklosigkeiten« begehen (vgl. C. G. Jung, GW 10). C. G. Jung meint dann an einer späteren Stelle, das gelte nicht dem jungen Menschen. Aber da kann ich Jung nicht zustimmen. Das war 1927! Heute, im 198. Jahrzehnt, im »Zeitalter des Wassermannes«, ist das etwas anderes. Und jeder, ob alt oder jung, kann sowieso nur für sich entscheiden – das ist keine Frage irgendeines Alters oder einer Gruppe, sondern eine Frage des Bewußtseins. Ich wiederhole und betone: Niemand *muß* das eine oder das andere, von *außen*. Nur von einem her: von seinem eigenen Inneren. Betrug wäre, aus Angst oder sogenannter Moral gegen die Schöpfung zu leben. Denn es gibt nur eine einzige Treue: die Treue zum eigenen Wesen und zur eigenen Werde-Gestalt. Ich fühle mich meiner verpflichtet.

Noch ist dieser Weg – wenn auch von vielen gegangen – ein einsamer, weil von wenig menschlicher und sozialer Toleranz begleitet. Vielleicht wird immer noch zuviel geheuchelt und muß – aus Angst – zuviel geheuchelt werden. Angst ist eine schlechte Ratgeberin. Sie kann aber ein Signal sein für eine notwendige Änderung und Wandlung. Änderung seiner selbst, um sich ganz einbringen zu können in den Kosmos als der, der man wirklich ist.

Die ganze Schöpfung ist voller Gesang des Lebens und damit des Eros und des Lebendigen. Jeder ist seine Variation.

DIALOGISCH LEBEN ZUR REIFUNG

Das „Wassermann-Zeitalter"

Ich lebe nicht allein. Mag ich noch so allein sein, ich bin es nicht. Ich könnte es auch gar nicht. Ich bin eingeflochten in ein nahezu unüberschaubares Geflecht von Beziehungen und Bezügen. Mögen diese noch so »unpersönlich« oder gar abstrakt sein, hinter allem und in allem wirken Menschen. Menschen wie Sie und ich, mit ihren Freuden und Leiden, mit ihrem Lieben und Hassen, Gelingen und Versagen, ihren Hoffnungen und Enttäuschungen, Wünschen und Zielen, Sorgen und Nöten, Bedürfnissen und Versagungen, ihrem Werden und Vergehen.

Drehe ich zum Beispiel ganz selbstverständlich den Wasserhahn auf, sind daran sogar ungezählte Menschen beteiligt: die die Stauseen geplant, gebaut, Leitungen verlegt haben usw., bis hin zu denen, die das Versorgungsnetz unterhalten und komplizierte Anlagen warten. Das gleiche gilt, wenn ich die Waschmaschine einschalte oder, oder . . . Wir brauchen bloß hinzusehen, überall sind Menschen auf irgendeine Weise mit mir verbunden und ich mit ihnen. Ich brauche sie, sie brauchen mich, auch wenn ich »nur« bezahle und vielleicht sogar noch per Dauerauftrag.

Es täte, glaube ich, uns allen gut, wenn wir von Zeit zu Zeit in den zahllosen scheinbaren Sachbezügen den anderen Menschen fühlten. »Der Alltag als Übung« (Dürckheim) mit seinen Unscheinbarkeiten brächte uns einander wieder näher. Denn ich bin nicht Robinson, den es auf eine einsame Insel verschlagen hat. Und selbst er gewinnt eines Tages in der Wildnis einen Menschen, den er Freitag nennt und der sein Gefährte wird. Ich lebe in einem sehr komplexen und komplizierten Gefüge einer sogenannten Industrie- oder schon technologischen Gesellschaft. Und ich lebe in einer immer stärker verflochtenen Weltgesellschaft und Weltwirtschaft und ihren technologischen, politischen, militärischen, bürokratischen Apparaten mit den konkurrierenden, rivalisierenden, sich bekämpfenden und teilweise auf Vernichtung zielenden Ideen, Ideologien und

Systemen. Diese Welt ist meine Welt, in der mein Leben gelingt oder mißlingt. Aber ich brauche sie, sie braucht mich, denn ich lebe jetzt. In diesem Gefüge und Geschiebe bin ich nicht allein. Es schafft Voraussetzungen und Bedingungen, ermöglicht und begrenzt meine äußere Existenz, zum Teil auch – und möglicherweise nachhaltig – meine innere Existenz.

Diese äußere Welt ist weitgehend nur noch sichtbar als Funktionen-Zusammenhang und -Zusammenspiel. Bei näherem Zusehen enthüllt sie aber auch eine andere, innere Seite: gestaltgewordene, verwirklichte, veräußerte, also nach außen verlagerte Sehnsüchte, Wünsche, Träume, Ängste, Sicherungsversuche, Lebensphantasien und -phantasmen des Menschen. Und dieser scheinbar reine »Funktionen-Zusammenhang« ent-hüllt deshalb bei aller Verhüllung das jeweilige »kollektive Bewußtsein«, dem selbstverständlich »kollektives Unbewußtsein« korrespondiert.

Ich will diesen letztgenannten Aspekt *»Zeitgeist«* nennen und ihn etwas zu verdeutlichen versuchen. *»Zeitgeist«* ist allgemein zu verstehen als »die sich in den Erscheinungen eines Zeitalters offenbarende Gleichartigkeit oder Ähnlichkeit der geistigen Haltung, des Stils, der Lebensform und Ideen« (Brockhaus). In ihm wird, so scheint mir, immer etwas deutlich über die Grundbefindlichkeit des Menschen dieser bestimmten Zeit, sein In-der-Welt-Sein, wie er sich darin versteht, wie er sich verstehen *möchte,* wie er sich verwirklicht und verwirklichen möchte und wie er glaubt, *daß* und auf welchem Wege es am ehesten zu erreichen ist. »Zeitgeist« enthält deshalb immer auch Entwürfe, das heißt Vorstellungen, wie der einzelne Mensch und der Mensch »an sich« (den es gar nicht gibt) und demzufolge seine »Welt« zu sein *hätte.* In diesem Sinne ist »Zeitgeist« immer zugleich *auch* so etwas wie eine Offenbarung, etwas »Heiliges« und Zwingendes. Obwohl und weil er seine meist unerkannten Quellen *in* uns hat, kommt er uns wie von »außen« entgegen, erscheint deshalb im ganz wörtlichen

Sinne »objektiv«, das heißt mir entgegengestellt. Bei genauerer Analyse müßten wir sehen können, daß es unsere eigenen Projektionen, keineswegs rationale Gebilde sind. Und selbst wenn wir sie als solche rationalen Gebilde verstehen wollten und könnten, müßten wir fragen, wie weit das Rationalisierungen gefühlsmäßiger Inhalte sind. Sie *sind* letzten Endes Beschreibungen gefühlsmäßiger Erfahrungen, Urerfahrungen und Ahnungen, Mythos. In diesem Sinne – nicht im Sinne der religiösen Tradition – verstanden ist auch der biblische Schöpfungsmythos »Zeitgeist«.

Nehmen wir einige Stichwörter aus dem »Zeitgeist« der Gegenwart: »Freiheit, Gleichheit, Brüderlichkeit«, »Fortschritt«, »Humanität«, »Menschenwürde«, »Individualität«, »Selbstverantwortung«, »Kollektivverantwortung«, »Kommunikation«, »Mobilität«, »Veränderung«, »Lebensqualität«, »Wohlstand für alle«, »Sicherheit für alle«, »Grundwerte«, »Demokratie und Demokratisierung«. Zuletzt, aber nicht an letzter Stelle, »Wissenschaft« (genaugenommen sind Wissenschaft und wissenschaftliches Denken nur *Instrumente* der Lebensphantasie). Der »Zeitgeist« ist (das hat Eugen Böhler, Psychologie des Zeitgeistes, sehr eindrucksvoll analysiert) eine ganz entscheidende, »organisierende Macht der Weltgeschichte . . . Schicksalsmacht der Menschheit«. Ich bin ihm – scheinbar – ohnmächtig ausgesetzt. Ich begegne ihm überall und bin damit, meist unbewußt, in einen intensiven Prozeß verwoben, auch wenn meine eigenen inneren Bilder anderen Zeitgeist beinhalten und damit in Konflikt geraten.

Im »Zeitgeist« begegne ich anderen und mir. Vielleicht begegne ich darin noch anderem, Übergreifendem, einer bisher möglicherweise übersehenen Dimension, die Ausdruck kosmischer Zusammenhänge ist? Ich halte es für möglich, daß ich darin auch kosmischem Geschehen begegne. Das ist mir denk- und immer wieder auch einfühlbar. Auch wenn sich alle unsere neuere Rationalität dagegen sträuben möchte. Und wenn ich es so sehe, dann leuchtet mir sehr ein, was A. Rosenberg in seinem Buch »Durchbruch zur Zukunft – der Mensch im Wassermann-Zeitalter« gesagt hat. Rosenberg zeichnet hier mit den Mitteln der Astrologie in einem umfassenden Bild großer geschichtlicher Zeiträume einzelne, sogenannte »Weltalter« und innerhalb dieser Weltalter die sogenannten »kleinen Weltjahre«. Ein kleines Weltjahr umfaßt jeweils einen Zeitraum von 2100 Jahren. Danach stehen wir am Anfang des sogenannten »Wassermann-Zeitalters«.

Um keinen Irrtümern Vorschub zu leisten: Das hat nicht das allergeringste mit Vulgär-, Jahrmarkt- und Illustrierten-Astrologie zu tun! Diesem Unsinn und Mißbrauch kann kein ernsthaft denkender Mensch zustimmen. Rosenberg geht es um etwas völlig anderes. Er versucht, nach alter, auch heute wieder erprobter Überlieferung das »Lebensrad« oder das »Horoskop« zu Rate zu ziehen, und kommt dabei zu sehr einleuchtenden Ergebnissen. Danach hat sich mit Beginn des »Wassermann-Zeitalters« eine erdweite Umwälzung der Gesinnung, der Erkenntnisweisen und der Lebensformen vollzogen. Die technischen Konsequenzen dieser geistigen und materiellen »Weltrevolution« lassen sich bereits absehen, und Rosenberg stellt die Frage, wie sich das auf die unausweichlich gewordene Umgestaltung des Menschen auswirken werde.

Rosenberg versucht sowohl eine Diagnose als auch eine Gesamtschau des »neuen Menschen«, der alles Künftige gestalten und beherrschen wird. Das Buch ist erstmals 1958 erschienen, es ist frappierend, zu erleben, wie treffend vieles beschrieben war, ehe es eintraf (Revolten und Revolutionen, Studentenunruhen, Umbrüche im Bereich des Geistigen usw.). Der Gesamtstatus des künftigen Menschen wird – zusammengefaßt – etwa so dargestellt: »Wandlung der sozialen Formen, der Familie, der Ehe und Erotik, der Heilkunst, die neue Bedeutung der Freundschaft, die Wandlung der religiösen Gesinnung und damit zusammenhängend die künftige Form

des Christentums.« Nach Rosenberg sind wir im Begriff, eine neue Kulturschwelle zu überschreiten – ein Vorgang von derart revolutionärer Bedeutung und umstürzender Wirkung, daß er sich nur noch mit dem ebenso umstürzenden Übergang von der Kulturstufe der schweifenden Jäger zur Bauern- und Stadtkultur im Neolithikum (in Europa wird der Beginn der Jungsteinzeit etwa auf das 6. Jahrtausend v. Chr. angesetzt, Anm. von mir) vergleichen läßt.

Ich habe Alfons Rosenberg deshalb so zu Wort kommen lassen, weil er sich in der alten Überlieferung des »Lebensrades« oder »Horoskopes« auskennt und für manche Traditionalisten Ungewöhnliches zutage förderte. Was er sagt, leuchtet mir sehr ein, weil mein Inneres da mitschwingen kann. Wenn es so ist oder sein könnte, daß »Zeitgeist«, auf seine Hintergründe zurückgeführt – in Jungscher Sprache könnte das archetypischer Grund heißen –, letztlich Kosmisches zum Ausdruck bringt, dann wäre darin eine elementare und fundamentale Dimension enthalten. Sie würde uns in Zusammenhänge hineinstellen, deren Ausmaß wir allenfalls ahnen können: Im Universum des Kosmos vollzieht sich etwas, und wir alle auf diesem Planeten sind winzigste Teilchen, die jedes etwas bewirken »sollen«.

Auch wenn wir das mit unseren bisherigen Instrumenten der Welterfassung nicht be-greifen können, die Seele ahnt – und das macht Angst. Denn ein wesentliches Kennzeichen dieses »Wassermann-Zeitalters« wird es sein, daß alles immer rascheren Veränderungen und Vergänglichkeiten, Entwicklungen und Prozessen zur Reifung unterworfen ist. Und davon ist nichts, aber auch gar nichts ausgeschlossen, mag es bisher für noch so heilig gehalten worden sein.

Ich will nur ein einziges Phänomen herausgreifen, von dem wir alle, mehr oder weniger deutlich spürbar, jetzt schon betroffen sind: Ehe und Familie, Partnerschaft, Freundschaft.

Nach unseren bisherigen Auffassungen von Ehe und Familie gehen wir davon aus, daß sich zwei junge Leute »finden« und heiraten. Wir setzen ferner voraus, daß die beiden in psychologischer Hinsicht sich ergänzen, daß sie sich mehr oder weniger im ständigen »Gleich-Schritt« weiterentwickeln, weiterentwikkeln wollen und können zu einer immer intensiver werdenden Partnerschaft, bis daß der Tod sie scheidet. Wenn »Liebe als gemeinsames Fortschreiten, als immerwährender Reifeprozeß definiert« wird – und das in einer sich ständig verändernden Welt! – (vgl. A. Toffler, Der Zukunftsschock), dann werden Ehe, Partnerschaften, Freundschaften am Stadium der von den Beteiligten erreichten und mutmaßlich noch erreichbaren persönlichen Entwicklung gemessen. Nicht mehr an Normen und Konventionen. Man kann das vom Standpunkt der Normen und Konventionen bedauern, dem »drohenden Zerfall« entgegenzusteuern versuchen, um geheiligte Werte zu retten, und das Bisherige aufrechtzuerhalten versuchen. Der Prozeß ist aber schon im Gange, unaufhaltsam, unumkehrbar: Der Mensch ist in den Mittelpunkt gerückt, nicht etwas »außerhalb« von ihm ist das Zentrale. War Welt- und Selbstverständnis des Menschen bisher »theozentrisch«, so ist es nun »anthropozentrisch« geworden.

Wenn ich das alles so ansehe, möchte ich statt »Zeitgeist« nun »Wassermann-Zeitalter« sagen. Weil mir das genauer, unausweichlicher zu beschreiben scheint, wo wir stehen und worum es heute, hier und jetzt, geht. Das »Wassermann-Zeitalter« eröffnet bisher nicht Gekanntes und zwingt zu Lösungen, die es bisher nicht gab und zu geben brauchte, weil es nicht dran war. Und es fordert einen hohen Einsatz: mich, ganz und gar. So groß die eröffneten Chancen sind, so groß kann die Angst sein, weil Entwicklung, Wandlung, Reifung gefordert sind wie nie zuvor. »Mich ganz und gar«, das heißt immer mehr in der Lage zu sein, aus mir heraus leben, was heißt mich entwickeln, wandeln, ändern zu können, wie es mein Leben in dieser sich wandelnden Welt von mir fordert.

Wie aber bin ich und habe ich mich darauf vorbereitet? Vorbereitet bin ich in einer »Beziehung«, und das heißt im Dialog. Ich bin aus einer Beziehung und in einer Beziehung – der meiner Eltern – geworden. Ich war schon perinatal in einer Art »Dialog«, und meine frühen Erfahrungen waren zunächst entscheidend. Nur am anderen, an dem, was ich nicht bin, lerne ich erfahren, wer ich bin. Und zu keiner Zeit seines Lebens ist der Mensch so »offen« (Bittner) wie in seinem frühesten Werden. Ich könnte auch *so* sagen: Zu keiner Zeit ist seine innere Werde-Gestalt so beeindruck-, unterstütz- oder irritierbar wie in der Frühest- oder Frühzeit. Was die Psychoanalyse Sigmund Freuds mit den »Entwicklungsstufen der Libidoorganisation« beschrieben hat, hat diesen dialogischen Aspekt immer *mit*gesehen. Sie nennt ihn in ihrer naturwissenschaftlich bedingten Sprache »Objektbeziehung«. Und sie beschreibt darin, ausgehend von den im Vordergrund stehenden Körpervorgängen und -zonen, die Grundmuster meiner Beziehung zu mir selber, zu anderen Menschen und zur Ding-Welt. Was in der Psychoanalyse unter dem Paradigma von Lust-Unlust-Spannung, also psycho-sexuellen Aspekten, aufgezeigt wird, wurde von Erich H. Erikson ergänzt durch psycho-soziale Aspekte, die Modi. Ich will diese Grundmuster kurz darstellen: *Oral* (Säuglingsalter): haben und haben wollen, nicht haben, Urvertrauen oder Ur-Mißtrauen; *Anal* (Kleinkindalter): hergeben, hinter-sich-lassen, behalten, besitzen und beherrschen, Autonomie gegen Scham und Zweifel; *Phallisch* (Spielalter): eindringen, sich selbsttätig aneignen, sich auftun, erschließen und Initiative gegen Schuldgefühl. »Man könnte sagen, daß sich die – ich füge hinzu: werdende – ›Persönlichkeit‹ in ihrem ersten Stadium um die Überzeugung kristalliert: ›Ich bin, was man mir gibt‹, im zweiten um die: ›Ich bin, was *ich will*‹. Das dritte kann charakterisiert werden durch: ›Ich bin, was ich mir zu werden vorstellen kann‹« (E. Erikson, Identität und Lebenszyklus). Diese Phasen greifen aufsteigend ineinander, durchwirken einander usw., sie sind hier nur unter phasenspezifischen Aspekten dargestellt. Es ist sicher einfühlbar, daß

Gelingen oder Nicht-Gelingen jeder folgenden Phase von dem der vorangegangenen mitbestimmt wird. Und daß sich zum Beispiel in der Adoleszenz alle ungelösten Aspekte der Frühphasen wiederholen und in dem Maße in das sich bildende Identitätsgefühl mit eingehen. Spätestens hier sind dann die Ansätze zu dem, was wir den »Wiederholungszwang« nennen, deutlich sichtbar. Denn Adoleszenz, frühes Erwachsenen- und Erwachsenenalter, bauen auf den Grundmustern und Grunderfahrungen mit sich selber *in* der Welt und *mit* der Welt auf: Ich gehe mit Menschen und Dingen so um, wie ich mit *mir* umgehe, *weil* mit mir so umgegangen wurde. Und zwar so lange, bis ich diese Muster – in denen auch und nachhaltig Normen und Traditionen wirken – gefühlsmäßig durchschaut und gefühlsmäßig aufgearbeitet habe!

Sieht man die von der Psychoanalyse beschriebenen Entwicklungsphasen insgesamt, so erkennt man, daß es immer wieder um Abschied und Trennung von Bisherigem, Aufbruch zu Neuem, bisher nicht Gekanntem, Wandel und Reifung geht. In einem unaufhörlichen Prozeß – bis zur endgültigen Wandlung im Tode. Den von Erikson beschriebenen Modi möchte ich hinzufügen: Ich *bin,* was ich *werde,* ich *werde,* was ich *bin.*

Ich möchte das einmal an einer poetischen Gestaltung verdeutlichen. In Goethes »Westöstlichem Diwan« sagt Suleika: »Volk und Knecht und Überwinder / Sie gestehen zu jeder Zeit / Höchstes Glück der Erdenkinder / Sei nur die Persönlichkeit. / Jedes Leben sei zu führen / Wenn man sich nicht selbst vermißt / Alles könne man verlieren / Wenn man bliebe, was man ist.« Hatem antwortet darauf: »Kann wohl sein! So wird gemeinet; / Doch ich bin auf andrer Spur: / Alles Erdenglück vereinet / Find' ich in Suleika nur. / Wie sie sich an mich verschwendet; / Bin ich mir ein wertes Ich; / Hätte sie sich weggewendet; / Augenblicks verlör' ich mich. / Nun, mit Hatem wär's zu Ende; / Doch schon hab' ich umgelost; / Ich verkörpere mich behende / In den Holden, den sie kost.«

Lassen wir uns einmal auf den Text ein: Suleika spricht von Leben und Werden, sie spricht vom dialogischen Leben, von Sein und Werden der Persönlichkeit. Wir würden heute in psychologischer Sprache sagen: des »Selbstes« in dem Doppelsinn seiner eigenen dialogischen Struktur, also »innere« Gestalt und Werde-Gestalt: ». . . wenn man sich nicht selbst vermißt, . . . wenn man bliebe, was man ist.« Sich zu sein und – das füge ich hinzu – sich zu werden und zu bleiben, das ist das Entscheidende. Ganz anders Hatem. Er findet das »höchste Glück der Erdenkinder« nicht in der Selbstwerdung. »Alles Erdenglück vereinet find' ich in Suleika nur.« Was tut er aktiv für den Dialog mit Suleika, Dialog gemeint als seinen Beitrag zu ihrem Werdeprozeß? Wie bringt er sich ein? Was tut er für sich, zu seiner eigenen Entfaltung? Nichts! Er will sie, Suleika, *haben,* daß sie sich an ihn verschwendet, ihm gibt und gibt und gibt. Dann ist er sich »ein wertes Ich«, wendet sie sich weg: »augenblicks verlör' ich mich. Nun, mit Hatem wär's zu Ende.« *Er* ist nichts, er lebt *aus* Suleika, *durch* Suleika, sie sollte *für* ihn leben, damit er leben kann. Suleikas Verlust wäre für Hatem die totale persönliche Katastrophe. Um dieser Katastrophe zu entgehen, leugnet er einfach, wie es ist, spaltet sich und versetzt sich »in den Holden, den sie kost«: Er will sich – offenbar weil er es gar nicht kann oder können will – nicht *in* Beziehung verwirklichen, statt Selbstverwirklichung will er »Beziehung«, die *für* ihn lebt. Noch einmal: Suleika kann alles verlieren und doch leben, wenn sie *sich* nicht erliert – mit Hatem wär's zu Ende, wenn er Suleika verliert.

Es gibt so viele Hatems und, um im Bild zu bleiben, Hatemas. Und meist ist es so, wie die psychoanalytisch orientierte Paartherapie nachgewiesen hat und täglich in der Praxis aufs neue erfährt, daß sich in einem Paar »das unbewußte Gegenteil vom gleichen Grundkonflikt« findet, daß dieser somit dem Paar gemeinsame unbewältigte Grundkonflikt nur in verschiedenen Rollen ausgetragen wird. Und aus diesem unterschiedlichen Austrag entsteht dann der trügerische Eindruck, der eine sei ganz und gar anders als der andere. Dieses »unbewußte Zusammenspiel« der unbewußten Gegenteile des Gleichen nennen wir »Kollusion« (eine Bezeichnung, die meines Wissens erstmals R. D. Laing verwendet hat). Dieser »kollusive Selbstheilungsversuch« scheitert meist im längeren Zusammenleben (vgl. I. Willi, Therapie der Zweierbeziehung), was nicht nur für die besondere Ausgestaltung als Ehe gilt. Er muß eigentlich scheitern, weil Kollusionen Entwicklungs- und Veränderungsverweigerungen sind.

Ein Beispiel: Da ist ein Paar, nenne ich es Emil und Emilie. Mitte Dreißig jetzt, seit etwa drei Jahren verheiratet, gewollt kinderlos. Es kriselt zwischen ihnen eigentlich schon von Anfang an, die Krise ist jetzt in aller Schärfe zutage getreten. Kennengelernt haben sie sich beim Après-Ski. Emilie sagt dazu: »Als ich ihn sah – groß, schlank, schwarzes, volles Haar, dunkle, feurige Augen, kräftiger Vollbart, ein Vollblutmann, dachte ich –, durchfuhr es mich: Wenn doch *er* auf mich zukäme! Es war Liebe auf den ersten Blick!« Was sie am meisten an ihm anzog? »Sein strahlendes Selbstbewußtsein.« Emil erinnert sich: »Als ich sie sah, war ich sofort hingerissen von ihr: Die *muß* es sein. Ebenso groß wie ich, schlank, blondes Haar, klare, blaue Augen, gute Figur, nirgends zuviel, nirgends zuwenig. Und wie sie ging und sich gab. Alles drehte den Kopf nach ihr um, sie aber blieb zurückhaltend, distanziert, ein bißchen stolz, aber keineswegs in selbstgefälliger Eitelkeit.« Schließlich ging er auf Emilie zu. Sie strahlte ihn, er sie an. Es wurde ein wunderschöner Abend, bei gutem Wein und guten Gesprächen, dazwischen schönen Tänzen. Sie verstanden sich und hatten sich gefunden. Alles paßte, auch das Berufliche: sie Staatsanwältin, er erfolgreicher Rechtsanwalt. In der Krise stellte sich heraus: Weder Emil noch Emilie hatten ein Selbstbewußtsein, noch lebten sie das, was ich »Selbst« genannt habe. Sie lebten im Grunde fremd-bestimmt, von außen und durch den Besitz des jeweils bewunderten und bewundernden anderen. Als der vermeintliche Glanz zu verblassen begann und schließlich verblaßte, wurde das deutlich. Nun wäre endlich die eigene innere Nachreifung nötig. Aber das wurde nicht verstanden. Es gab nur noch Vorwürfe: »*Du* liebst mich nicht mehr!« – »Nein, *du* bist es doch, der mich nicht mehr liebt.« – »Nein, du!« – »Nein, du!« Sie kennen sicher diese »Spiele der Erwachsenen« (E. Berne).

Nie aber war Entwicklung und Reifung so nötig wie heute, hier und jetzt. Ich lebe, und das heißt, ich lebe in dieser konkreten Gesellschaft mit den ihr gegebenen Daseinserleichterungen, -sicherungen und -entfaltungsmöglichkeiten. Ich lebe in ihr mit all ihren Bedingtheiten und Bedingungen, ihren Angeboten. Ich mache sicher nicht von allem Gebrauch, oder ich mache ihn anders als andere, die wiederum anders. Hinter all den Erscheinungen dieser Art – ich nenne sie etwas unscharf »Ding-Welt« – sind Menschen, oft spüre ich sie nicht. Am ehesten spüre ich sie noch in »Dienstleistungen«. Aber ich brauche diese von Menschen so geschaffene und in Gang gehaltene »Ding-Welt«, allein könnte ich das nicht. So nicht, denn jetzt lebe ich hier. Und diese »Welt« braucht mich. Ich habe – am eindrucksvollsten in der frühesten Zeit meines Lebens – erfahren, wie mir »Welt« begegnet, wie sie mit mir umgeht. In diesen einzelnen Entwicklungsschritten oder Werdephasen sind die Grundmuster geprägt, progressiv oder regressiv, konstruktiv oder destruktiv, die Welt mir anzueignen und mich in sie hineinzubegeben, mit Selbstachtung und Achtung der anderen – oder ohne Achtung, weil ich sie selber nicht erfahren habe. Jede Entwicklungsphase eignet sich zum Stekkenbleiben und Sich-Verlieren, weil ich mich schon für mich selber halte, so wie ich gerade mit den Menschen und den Dingen, die mich umgeben und die ich brauche, umgehe. Das ist Entwicklungs-Verweigerung. Entwicklung wäre, sich auf einen Dialog mit den mich umgebenden Dingen und Menschen einzulassen, in eine Art »Wechselgespräch«, um darin Wahrheit oder Wahrheiten zu erfahren, sie zu entfalten und immer wieder neu zu gestalten.

Ich lebe aber nicht nur in dieser »Ding-Welt« und mit den darin wirkenden Menschen. Ich lebe auch in der Zeit mit ihrem »Zeitgeist«. In ihm drücken sich zum Beispiel Lebensphantasie und Lebenswille aus. Er ist »Pro-jektion« dessen, was in uns kollektiv, mit »Licht« und auch mit »Schatten« vorgeht. Ich bin auch davon ein »Teil«. Ich kann und werde mich auch ihm gegenüber so »verhalten«, wie meine Grundmuster sind. Mich zum Beispiel mit ihm oder Aspekten von ihm primär identifizieren, ohne Kritik der Unterscheidung, ohne Distanz. Dann entgehe ich der Auseinandersetzung. Ich werde sozusagen von ihm gelebt und ich lasse mich leben. Morgen ist dann vielleicht etwas anderes dran, was mich lebt. Ich kann aber auch in ein dialogisch-dialektisches Verhältnis zum Zeitgeist treten, um Wahrheit zu erfahren und Wahrheit zu tun, die ich für mich erfahren habe. Dann könnte ich zum Beispiel sehen, daß eine Gesellschaft nur soviel Humanität *ist,* wie ihre Menschen leben. Humanität ist also in erster Linie eine Frage an mich: Wieviel davon ist in mir verwirklicht und strahle ich demzufolge aus? Oder: Wieviel innere Freiheit habe ich mir erarbeitet und wieviel Freiheit kann ich demzufolge anderen lassen? Denn nur wer sich oder auch nur Aspekte von sich unterdrückt, muß andere unterdrücken. Oder: Gleichheit und Brüderlichkeit. Lasse ich alle meine Aspekte – Körper, Seele, Geist – gleichermaßen gelten als das, was sie sind? Gehe ich mit ihnen allen – und ich werde im Laufe meines Lebens in mir selbst überraschend vielen begegnen – den »hell-« und »dunkelhäutigen«, den »gelben« und »schlitzäugigen«, »christlichen«, »buddhistischen«, »moslemischen« oder »heidnischen«, mit den differenzierten und ganz und gar undifferenzierten – gehe ich mit ihnen allen gleichermaßen brüderlich um? Ich weiß, daß wir alle »Kinder Kains« sind, der Abel erschlagen hat! Aber nur das zu »wissen« wäre ein Haftenbleiben in früherer Geschwister-Rivalität und ihren oft so mörderischen Phantasien, die ich mir jetzt selber antäte.

Nur in dem Maße, wie ich in meinem eigenen Innern einen

brüderlichen Dialog übe *und* lebe, kann ich »außen« »Gleichheit« und »Brüderlichkeit« dialogisch leben. Und wenn ich in den »Zeitgeist« den *kosmischen* Aspekt hereinnehme und ihn als »Wassermann-Zeitalter« verstehe – und das tue ich –, kann ich sagen: Also o. k., dann wird es schon kommen und werden, wie es kommen und werden muß. Ich kann mich aber auch auf einen Dialog einlassen mit dem, was »Wassermann-Zeitalter« meint, um Wahrheit zu erfahren. Dann entdecke ich, daß ich in übergreifenden Zusammenhängen lebe als winzigstes Etwas unter Milliarden Gleicher, *auf* einem winzigen Etwas (unserem Planeten Erde), das selber nur ein winziges Etwas ist in Milliardengefügen. Daß aber genau von mir, wie von jedem, etwas »gefordert« ist von diesem »Übergreifenden« her. Ich fange dann vielleicht an zu begreifen, daß etwas fällig ist, was in dieser Weise noch nicht gefordert war: *der menschliche Mensch.* Und dann bekomme ich zu spüren, wieviel in mir zu verändern ist: in meinem Verständnis von Ehe, Familie, Partnerschaft, Freundschaft. Daß Entwicklung, Entfaltung, Reifung und Reifungsmöglichkeiten nunmehr das Bestimmende und, wie nie zuvor, mir anvertraut sind. Am dichtesten, intensivsten, hautnahesten, lustvoll oder schmerzlich, kann ich Wahrheit, meine Wahrheit, und Wahrheiten des Lebendigen erfahren in der Beziehung zum Menschen.

In der Polarität Mann–Frau kommt die Grundgegebenheit, angewiesen und bezogen zu sein, am sinnfälligsten und sinnlichsten zum Ausdruck. Ich kann mich, das heißt meinesgleichen, nicht allein aus mir heraus und in mir erschaffen, also ein leibliches Kind zeugen, es selber empfangen und gebären. Ich bin angewiesen auf den anderen. Das ist gleichzeitig Bild und Sinn-Bild; um mich so vollständig wie möglich zu erfahren, bin ich auf den anderen angewiesen. Da meine Grundmuster in den Ur-Erfahrungen mit Menschen, vor allem mit Mutter und Vater, geprägt sind, liegt es nahe, diese Grundmuster einfach zu wiederholen, vor allem die im Grundmuster enthaltenen unbewältigten Aspekte zu wiederholen in einem von vornherein zum Scheitern verurteilten kollusiven Selbstheilungsversuch.

Ich kann mich aber in eine Beziehung auch *dialogisch* einbringen. Das heißt für mich, sich vorbehaltlos öffnen zum vertrauten anderen und ebenso vorbehaltlos offen sein für den vertrauten anderen, ohne Angst vor Nähe, ohne Angst vor notwendiger Distanz. Weder mit dem anderen psychisch verschmolzen noch ihn psychisch verschlingend, weder mit ihm psychisch verschmolzen werden *wollen* zu einer Ur-Einheit, noch fürchten zu müssen, von ihm psychisch verschlungen zu werden. Dialogisch sich einbringen heißt für mich: partnerschaftlich leben. Partnerschaftlich leben heißt: gegenseitiges Geben *und* Nehmen. Welche »Aspekte« von mir und vom anderen in den Dialog einbezogen werden, das ist freie, aber gemeinsame Entscheidung der Partner. Ob »nur« die seelisch-geistigen« Aspekte oder auch der »leibliche«. Am vollständigsten scheint mir ein solcher Dialog dann und dort zu sein, wo *alle* »Aspekte« einbezogen sind und gelebt werden. In einem solchen Dialog der »nackten« Wahrheit erfahre ich Wahrheit unausweichlich über mich, an mir, mit dem anderen und zugleich die des anderen. Aber Wahrheit ist nicht Zustand, sie ist ständiger Prozeß. Was heute »wahr« ist, kann morgen zur Un-Wahrheit werden. Dann ist neuer Aufbruch und neuer Versuch fällig. Und wo Entwicklung und Entfaltung notwendig ist, immer wieder von neuem. Dialogisch leben heißt in der Wahrheit leben. Dialogisch, sich selber gegenüber und dem anderen gegenüber, schonungslos wahrhaftig leben heißt in der Liebe leben. Was ist Liebe? »Liebe wird erlebt als ein die eigenen Belange überschreitendes Hinstreben nach wirklicher oder ideeller Vereinigung mit dem Gegenstand (der Liebe). In der Geschlechtsliebe äußert sich das als Ergreifen und das Ergriffenwerden von der Person des geliebten Menschen in geistiger, seelischer und sinnlich-leiblicher Form . . .« So sagt ein großes Lexikon (Brockhaus). Und ich wiederhole: Liebe ist außerdem zu verstehen »als gemeinsames Fortschreiten, als immerwährender Reifeprozeß« des einzelnen im Dialog.

Jemand – ich weiß nicht mehr, wer – hat bei einer großen öffentlichen Veranstaltung gesagt, viele verstünden Liebe als »Ich × Du = ich²« (im Klartext: Ich mal Du = Ich-Quadrat); richtig wäre: »Ich+du=wir.«

Ich stimme dem zu, wenn »wir« heißt: gemeinsames Fortschreiten, immerwährender Reifeprozeß – der übrigens *auch* zu Ende gehen kann, wenn die Möglichkeiten, der Wille und die Fähigkeiten dazu zu Ende sind.

Noch einmal: Was ist Liebe? Ich will die eben genannten Formeln aufnehmen als Anstoß zu einer neuen »Formel«, besser zu einem Bild. Ist Liebe zu verstehen als 1+1=1? Das wäre »Liebe als Einssein«, also völlige Verschmelzung ineinander und damit Selbstaufgabe. Sie ist auch nicht 1+1=2, das heißt zwar zwei Personen, aber in der »Einheit« der »Dual-Union« nach dem Ur-Muster der Mutter-Kind-Beziehung und damit einer »narzißtisch-inzestuösen Symbiose« (Erich Fromm). Im Dialog gelebte Liebe würde demnach heißen (um in der Formelsprache zu bleiben): 1+1=1+1. Das heißt, wer einem anderen dialogisch-liebend begegnet, wird gerade durch diese Begegnung er selber *sein* und immer mehr werden und den anderen in seinem Sich-Werden bejahen und fördern. Denn dann wird Liebe nicht verstanden als »Eins-Sein« im Sinne einer »Verschmelzung«, um mein nicht gelebtes entelechiales Selbst durch den anderen oder dessen »Selbst« als »Eines« aufzublähen. Noch wird Liebe verstanden als »Einander-Gehören« nach dem Muster der Dual-Union und inzestuösen Symbiose, »zur Selbstbestätigung«. Hier ist Liebe Freiheit, das heißt Autonomie, die nicht von der Zustimmung durch Genehmigung eines Partners abhängt. Nur wer in sich und vom anderen frei ist *zu* sich und zum anderen, kann im Dialog *sein.*

Zu keiner Zeit vor uns war so wie jetzt im »Wassermann-Zeitalter« die Selbst-*Werdung* im Dialog eine Möglichkeit *und* Notwendigkeit, die alle betrifft: Sie – sich zu werden und zu leben, ich – mich, Sie Ihre Werde-Gestalt, Ihr Selbst, ich meines. Jeder seines.

VOM NARZISSMUS ZUM SELBST

Ich, Es und Über-Ich sind nur Funktionen

In der griechischen Mythologie ist das Schicksal des schönen Jünglings Narziß – griechisch Narkissos – überliefert. »Ja, ja«, wird leicht assoziert, »das ist doch das Urbild aller Selbstverliebten, die immer nur in ihr schönes Spiegelbild sehen und daran schließlich zugrunde gehen.« Ich frage mich, ob das wirklich so ist. Denn ich möchte mich lieben können und nicht zur »Strafe« dafür zugrunde gehen müssen. Und wenn ich das in der christlichen Tradition überlieferte »Hauptgebot« richtig verstehe, meine ich, es sei selbstverständlich, und ich *soll* das, denn es wird mir *imperativ* gesagt: ». . . das andere aber ist diesem gleich: Du *sollst* deinen Nächsten lieben *wie dich selbst!*«

Ich will mir zunächst den griechischen Mythos von Narkissos etwas genauer ansehen, weil ich mich damit nicht zufriedengeben kann, einfach eine aus dem Mythos abgeleitete Bezeichnung zu übernehmen, ohne den gesamten Hintergrund zu kennen. (Vielleicht ist eine solche Haltung für manche bereits »narzißtisch«: gut, dann ist sie es.)

Der schöne Narkissos war Sohn des böotischen Flußgottes Kephissos und der Nymphe Leiriope. (»Nymphen« sind »Bräute«, junge Frauen, spiel- und tanzfreudiges Gefolge der Götter und trotz göttlicher Herkunft meist sterblich.) In Narkissos verliebte sich die Nymphe Echo (aus dem Gefolge Pans). Narkissos wies die verzehrende Liebe Echos ab. Die mythologische Version sagt dann: »Zur Strafe *mußte* er sich in sein eigenes Spiegelbild verlieben, das er in einer Quelle erblickte. Dort verharrte er in qualvollem, unbefriedigtem Verlangen und wurde schließlich in die nach ihm benannte Blume, die Narzisse, verwandelt« (vgl. H. Gottschalk, Lexikon der Mythologie).

Die Schlüsse, die aus dem Mythos, zum Beispiel in der psychoanalytischen Entwicklungspsychologie, gezogen wurden, scheinen mir vom mythischen Stoff her nicht gerechtfertigt. Aber vielleicht sind sie ganz aufschlußreich. Da sind also der schöne Jüngling, Sohn eines Flußgottes, und die Bergnymphe, die sich in ihn verliebt, deren Liebe aber von Narkissos nicht erwidert wird. Eine mythische Version sagt, sie sei vor Kummer über diese verschmähte Liebe zum Skelett abgemagert, das zu Felsgestein wurde, die Stimme aber sei nicht gestorben. Die andere Version meint, Pan, zu dessen Gefolge sie gehörte, sei in Liebe zu ihr entbrannt, die Nymphe habe ihn aber nicht erhört. Zur Strafe dafür habe sie Pan von wahnsinnig gemachten Hirten in Stücke zerreißen lassen, nur ihre Stimme sei lebendig geblieben. Und eine weitere Lesart meint, Hera, »die Herrin«, Tochter des Kronos und der Rheia, Schwester und Gemahlin des Zeus, habe Echo wegen ihrer Begünstigung der Liebschaften des Zeus mit anderen Nymphen ihrer Stimme bis auf die Fähigkeit beraubt, die letzten Worte einer Rede zu wiederholen. Aus Gram über die von Narkissos verschmähte Liebe habe sie sich verzehrt, nur als Stimme in den Wäldern und Schluchten sei sie erhalten geblieben (Brockhaus). Da die Nymphe im Narkissos-Mythos *Echo* heißt, nehme ich an, daß in ihrem Namen etwas zum Ausdruck kommt, was *vor* ihrer Liebe zu Narkissos war. Ob Narkissos sie daraus erlösen sollte, überliefert der Mythos nicht. Wenn es so um sie bestellt war, wie alle Versionen letztlich sagen, zweifle ich, ob Narkissos mit ihr überhaupt in einen Dialog kommen *konnte*. Echo konnte ja nur die letzten Worte einer Rede wiederholen. Also blieb es nur »Echo«, Widerhall. Übrigens: Narkissos ist Sohn eines *Fluß*gottes, Echo ist eine *Berg*nymphe. Schöner, plastischer könnte eine Polarität nicht dargestellt werden. Was hätte aus solcher Polarität in der Begegnung werden können! Aber Narkissos »verschmähte« dem Mythos zufolge die Liebe von Echo und *mußte* sich zur Strafe in sein Spiegelbild »verlieben«, bis er durch die Götter erlöst wurde. Der Mythos sagt, Narkissos habe sich in sein Spiegelbild verlieben *müssen*. Er *war* also gar nicht der selbstverliebte Jüngling. Er, der Sohn eines Flußgottes, wird zurückgeworfen, woher er kommt. Aber das Spiegelbild antwortet nicht. Es kommt kein Dialog zustande im

Sinne Martin Bubers: auf ein »Wort« die »Ant-Wort«, nicht als *Anti*-Wort, sondern als das andere, Einschwingende, Mitschwingende, Weiterführende. Nein, es bleibt Spiegel, nichts als Spiegel. Narkissos hat sich noch gar nicht am anderen erkannt. Sein Selbst war noch gar nicht aus der Verborgenheit herausgerufen. Und er möchte sich doch offenbar entdecken, woher sonst das Verlangen, die Qual?

Erkennen, wer man selber ist, kann man sich nur an dem, was man nicht ist. Die Psychoanalyse nennt das – einerseits treffend, andererseits verwirrend – das »Objekt«, das Entgegen-Geworfene, oder das Nicht-Ich. Verwirrend ist diese Bezeichnung deshalb, weil Objekt so sachlich, so unpersönlich klingt, als hätte »es«, als hätte dieser andere Mensch keine eigenen Gefühle, Wünsche, Bedürfnisse, aus denen, mit denen er ant-wortet. Das reine Objekt wäre der Spiegel – und daran gerade verzweifelt Narkissos: ein Spiegel ist kein »Du«. Aber hätte er in Echo, der Bergnymphe, das ganz andere finden und sich erkennen können? Ja. Nur, Echo war als Echo die Wiederholung, das Gleiche oder Ähnliche.

Ich kann daher im Mythos keinen mir zureichenden Grund dafür finden, Narkissos als den Prototyp dessen zu sehen, der in sein Spiegelbild *verliebt* ist. Narkissos ist für mein Verständnis der mit Selbst-*Blindheit* Geschlagene. Mir ist das insofern wichtig, als mir der Mythos und seine gängige, wie mir scheint, nicht zutreffende Auslegung die Möglichkeit geben, etwas deutlich zu machen. Es gibt gegenwärtig in den theoretischen Konzepten der Psychoanalyse eine heftige »Narzißmus-Diskussion«, also eine Diskussion um die Frage »Narzißmus« und »Selbst«. Das hat vor allem mit der Zunahme von psychischen Störungen zu tun, die mit den bisherigen Konzepten der Triebentwicklung, der Entwicklung der Objektbeziehungen und der Ich-Psychologie nicht zureichend geklärt werden können. Es mag dahingestellt bleiben, ob die Art der Störungen zunimmt, oder ob wir heute, und ich füge hinzu, *erst* heute, anders und anderes sehen können. »Narzißtische Störungen«, also Störungen des Selbstbewußtseins oder fehlendes Selbstbewußtsein, fehlendes oder mangelhaftes Selbstwertgefühl, mangelhafte Fähigkeit, Erschütterungen des Selbstwertgefühles wieder auszugleichen, die Neigung, in narzißtischen Krisen nur außerordentlich pathologische Lösungen zu finden, galten zunächst und zum Teil auch heute noch als therapeutisch besonders schwer angehbar. Daran ist sicher manches Wahre. Aber vielleicht haben wir Analytiker einfach noch zuwenig Erfahrung – und außerdem unsere eigenen Schwierigkeiten mit unserem »Selbst«.

Übrigens scheint schon sehr viel aus der fachlich-internen Narzißmus-Diskussion in den allgemeinen Sprachschatz eingegangen zu sein. Es sagen ja nicht nur *Insider* zueinander: »Jetzt bist du narzißtisch gekränkt«, womit gemeint ist: »in deiner Eigenliebe, deinem Selbstwertgefühl, deiner Selbsteinschätzung getroffen«. Während lange Zeit im allgemeinen Sprachgebrauch als nicht gerade sehr schmeichelhafte Kurzcharakteristik einer Person der Ausdruck »hysterisch« benutzt wurde, scheint jetzt mehr und mehr »narzißtisch« Mode zu werden. Wenn solche Termini so rasch in die allgemeine Sprache eingehen, scheint mir das etwas zu signalisieren. Die Verwendung von Termini aus der Fachsprache geschieht nicht vorschnell oder gar dumm. Sie macht vielmehr auf ein sehr verbreitetes, zum Bewußtsein drängendes *allgemeines* Problem aufmerksam.

Auch etwa die Klagen über zunehmende Egozentrik und über den zunehmenden »Selbstverwirklichungswahn« sagen sicher etwas Richtiges. Aber mir scheint, hier ist Klärung durch Unterscheidung not-wendig. Denn hier wird oft gleichgesetzt oder verwechselt »Ich« – und »Selbst«. Nun könnte man natürlich sagen: Was soll die feinsinnige Unterscheidung zwischen »Ich« und »Selbst«? Damit mögen sich die Philosophen herumschlagen, deren Aufgabe es sei, die richtigen Fragen zu stellen. Das »Ich« könne man nachweisen in der Person, wie sie erscheint oder sich erlebt, indem sie »ich« sagt. Und wenn man darüber hinaus noch etwas sagen wolle, könne man ja vom »anderen Ich« sprechen, das unbewußt sei, »das Eigentliche meines Wesens«, ein »Grund-Ich«, das sich in den »Tarnungen des Ich« (G. Bittner, Das andere Ich) verberge. Es gibt sehr viele gute Gründe, bei dieser Bezeichnung zu bleiben. Dann wäre das Ich das, was ist, und zugleich – verborgen – das, was es auch ist und noch »nicht« ist. Sigmund Freud zeigt (GW XII), wie das »noch nicht Ich« sich meldet: wenn das Ich sich unbehaglich fühle, weil zum Beispiel plötzlich Gedanken auftauchen, von denen man nicht wisse, woher sie kämen, »fremde Gäste«, die mächtiger erschienen »als die dem Ich unterworfenen«. Und an späterer Stelle: »Und wenn Du von etwas in Deiner Seele keine Nachricht bekommen hast, nimmst Du zuversichtlich an, es sei in ihr nicht enthalten. Ja, Du gehst so weit, daß Du seelisch für identisch hältst mit ›bewußt‹, das heißt Dir bekannt, trotz der augenscheinlichsten Beweise, daß in Deinem Seelenleben beständig viel mehr vor sich gehen muß, als Deinem Bewußtsein bekannt werden kann.« Freud entfaltet natürlich seinen Gedankengang an seinem Paradigma der Bedeutung des »Trieblebens der Sexualität«, das »in uns nicht voll zu bändigen ist«, und meint, »daß die seelischen Vorgänge an sich unbewußt« seien und nur durch eine unvollständige und unzuverlässige Wahrnehmung dem Ich zugänglich und ihm unterworfen werden, weshalb die Aufklärungen, die die Psychoanalyse über das Seelische machen könne, der Behauptung gleichkämen, »daß das Ich nicht Herr sei in seinem eigenen Haus« (GW XII).

Ehe ich an diesen Überlegungen weitermache, muß ich zur Verdeutlichung sagen, was mit Paradigma gemeint ist. *Paradigma* ist durch den Wissenschaftshistoriker Thomas *Kuhn* definiert als ein Bezugssystem, das in nicht rein zufälliger, sondern ausreichend überprüfter, also signifikanter Weise Daten enthüllt und neu ordnet, neue Bedeutungen schafft und wesentliche Perspektiven eröffnet. Paradigmata lassen die

Realität – genauer müßte man vielleicht sagen: den jeweiligen Ausschnitt aus ihr – neu erkennen und mit einer neuen dazugehörigen Sprache beschreiben (vgl. dazu: Th. S. Kuhn, Die Struktur wissenschaftlicher Revolutionen).

Das Paradigma der Psychoanalyse:

Ich will mich, auf die Gefahr einer schrecklichen Vereinfachung hin, beschränken. Ausgehend vom Freudschen triebphysikalischen Modell des »psychischen Apparates« – das ist nicht der ganze Freud! – ist das »Ich« in diesem Modell eine »Instanz«, die zwischen den Ansprüchen des »*Es*« (im wesentlichen Triebwelt), denen des *Über-Ich* (»Gewissen« oder eine Art moralischer Kompaß) und denen der *Realität* vermittelt und zu vermitteln *hat.* Diese drei – Ich, Es, Über-Ich – bilden zusammen die Persönlichkeitsstruktur, sind *Funktionen,* die zusammengehören und sich wechselseitig bedingen. Nehme ich das mal so hin. Dann zweifle ich aber, ob meinem Bewßtsein auch nur einigermaßen vertraut ist, daß diese drei zusammen gemeint sind, wenn ich *»Ich«* sage und damit »Selbst« – hier noch verstanden als »das Gesamt der Person« – *meine.*

Wenn nach Freud das Ich der Ort der inneren Wahrnehmung und des Willens, die »oberste Instanz« ist, ist für Jung das Ich das »Zentrum des Bewußtseinsfeldes«, die empirische Persönlichkeit, das »Selbst« dagegen »die vorhandene, jedoch nicht völlig faßbare Gesamtpersönlichkeit« (GW 9,2).

Sprache, auch wissenschaftliche Sprache, hat etwas mit Bewußtwerden und Bewußtheit, mit »Zur-Sprache-bringen-*Können«* zu tun. Um aus den definitorischen Schwierigkeiten herauszufinden und um das, worum es heute – im »Wassermann-Zeitalter« – geht, zur Sprache zu bringen, schlage ich vor, vom »*Ich*« nur noch als einer *Funktion,* einem Funktionsbündel, zu sprechen. Zu solchen Funktionen gehören: Beherrschung der Motorik, der Muskeln, Wahrnehmungen von inneren Strebungen und Impulsen, Unterscheidung zwischen der Wirklichkeit, wie wir sie uns vorstellen und wie sie ist (»Realitätsprüfung«), und das »Miteinander-in-Übereinstimmung-Bringen« der verschiedensten Anforderungen von innen und von außen als bewußte, das heißt dann »synthetische« oder auch als teilweise unbewußte, das heißt dann integrierende seelische Tätigkeit. Und schließlich: Denken, das heißt die rationalen Fähigkeiten, Sprache und Intelligenz als Fähigkeit aus Erfahrungen zu lernen.

Versteht man das *»Ich«* als eine Funktion mit Funktionsfunktionen, wird die synonyme Verwendung der beiden Begriffe »Ich« und »Selbst« unmöglich: *Funktionen* sind Instrumente, nicht aber selbst das, wozu sie verwendet werden sollen oder können und wovon sie abhängig sind.

Wenn man das »Ich« so versteht, dann ist sehr rasch und sehr leicht einfühlbar, was mit »Ich-Vergottung« gemeint ist: die Verabsolutierung, zum Beispiel der Rationalität. Mit solcher Verabsolutierung und Vereinseitigung hätte sich eine Funktion verselbständigt und sich selber zum Ziel erhoben. Mir fällt dazu – nur scheinbar weitab liegend – Goethes Ballade vom »Zauberlehrling« ein: » . . . Walle, walle / manche Strecke / daß zum *Zwecke* / Wasser fließe / und mit reichem vollem Schwalle / zu dem Bade sich ergieße.« In Abwesenheit des Meisters versucht sich der Lehrling im Zaubern. Es gelingt ihm – aber er hat den Bannspruch vergessen, und nun rennt der Besen und schleppt Wasser und Wasser herbei. Die Katastrophe scheint unaufhaltsam durch die *Verselbständigung* der zum *Selbstzweck* gewordenen Funktion. Bis der »Meister« kommt: »In die Ecke, Besen, / Besen! Seid's gewesen. / Denn als Geister / ruft euch nur zu seinem Zwecke / erst hervor der alte Meister.«

Ein Beispiel dazu aus der psychoanalytischen Praxis: Vitus,

der jetzt an schwersten Depressionen leidet. Sein bisheriges Lebenskonzept: nur isoliertes, von allem übrigen »Ballast« befreites, »absolutes Großhirn« zu sein, Supercomputer, trägt nicht mehr. Eines seiner Instrumente, sein Denken, lebte er bis dahin als reinen Selbstzweck. Statt: *zu* seinem Zwecke. »Zu seinem Zwecke«. Also sind Funktionen Akte im Dienst *von* etwas und *für* etwas. Im Dienste des »Selbst«.

Was meint die Rede vom »Selbst«? Ich sage, *meint,* weil ich damit zum Ausdruck bringen will, daß der *Begriff »Selbst«* ein Konstrukt, eine Hypothese ist, ein Denkmodell, nicht mehr. Das Selbst ist biochemisch – übrigens wie das »Ich« als Funktion – nicht nachweisbar. Wenn aber der Mensch in seinem genetischen Potential seine biologische Matrix mit allen energetischen und informationskybernetischen Phänomenen seines biologischen Lebens hat, dann muß dieser *biologischen* Matrix auch eine *psychologische* eingegeben sein. Ich weiß, daß das ein sogenannter Analogieschluß ist, das heißt, ich schließe aus etwas Vorhandenem im Sinne des Nachweisbaren auf das Vorhandensein von etwas *nicht* Nachweisbarem. Das mag nicht logisch im Sinne kausalen Denkens sein. Aber ich meine, schon Aristoteles hat mit seiner »Entelechie« etwas Fundamentales formuliert: Entelechie ist das, was sein Ziel in sich hat, ein innewohnendes Formprinzip, das etwa den Organismus zur Selbstentwicklung bringt, die »Werde-Gestalt«. Friedrich Rückert formulierte das so: »In jedem lebt ein Bild des, das er werden soll, / solang er das nicht ist / ist nicht sein Friede voll.« Das könnte sich so anhören, als wäre mit »Bild« nur eine einzige »Gestalt« gemeint, die sozusagen mit dem Storchenschnabel ins Leben zu übersetzen wäre. Ich meine das nicht. Aber ich meine, daß sozusagen ein Rahmen vorgegeben und abgesteckt sei dessen, was möglich, und dessen, was nicht möglich ist. Mir scheint das ähnlich zu sein wie bei dem mitgegebenen genetischen Potential, mit dem Unterschied, daß in der Werde-Gestalt »Quantensprünge« möglich sind. Mit »Quantensprung« meine ich Veränderungen durch Anstöße von außen in einem Grad und Ausmaß, die vorher unvorstellbar schienen.

Nehmen Sie zum Beispiel die heutigen Möglichkeiten der Begegnung mit den unterschiedlichsten Kulturkreisen, etwa dem christlichen mit dem buddhistischen oder dem islamischen. Nicht nur dank der elektronischen Medien oder dank unserer »Reisegesellschaft«, sondern auch dank der mitten unter uns lebenden Menschen aus solchen Kulturkreisen. Oder ich begegne »zufällig« einem Menschen, der sich ganz anders entwickelt hat als ich. Sind solche Begegnungen dialogisch, dann *kann* in meinem Innern, im Verständnis meiner selbst und der Welt, in der ich lebe, etwas in Gang kommen, was niemals »drin« gewesen zu sein *schien.* Das müssen nicht Begegnungen mit Gestalten wie Buddha oder Jesus von Nazareth sein. Sie sind außerordentliche Beispiele von Möglichkeiten, die mich aber auch durch sogenannte gewöhnliche Menschen erreichen können. Dann wird eine solche Begegnung, wird dieser Mensch für mich wesentlich.

Zur Entfaltung dessen, was ich das (entelechiale) Selbst nenne, bedarf es also des *Anstoßes.* Damit meine ich einmal, daß ein »Selbst« vorhanden, mitgegeben *sei,* das *meine* Anlagen enthält. Und ich möchte sehr betonen, daß mir diese *meine* Anlagen, »Potentiale«, zum Teil unbewußt bleiben. Es wird immer einen Unterschied geben zwischen dem, was ich von mir »weiß«, und dem, was ich nicht oder noch nicht weiß, zwischen meinen bewußten »Zielstrebungen« und meiner unbewußten Zielgerichtetheit, die mir kraft meiner Wesensstruktur eingeprägt ist. Angenommen, ich hätte in meinen – mir weitgehend unbewußten – »Potentialen« etwas, das wir »Schöpferisches« nennen. Dann *kann* ich diesem Schöpferischen als Dichter, Schriftsteller, Bildhauer, Graphiker, Maler oder als Komponist, als Politiker, Erfinder oder Entdecker Ausdruck verleihen. Ich glaube, die »Entelechie« – meine »Werde-Gestalt« – fragt nicht nach dem »Wie«, sondern nach dem »Ob«.

Die »Werde-Gestalt aber braucht Anstöße, damit sie sich überhaupt entfalten kann, Anstöße von außen, von außerhalb ihrer selbst, von einer anderen »Werde-Gestalt«, einem »Du«. Das sind zunächst die Eltern, wenn sie ihr Kind annehmen, wie es ist, es entfalten *lassen,* was aus ihm kommt. »Kinder«, sagt ein indisches Wort, »sind unsere Gäste.« Gäste erzieht nicht, beherrscht nicht, wer ein guter Gastgeber ist, der wünscht, daß die Gäste wiederkommen. Gäste werden respektiert, geachtet, geehrt, angenommen, wie sie sind. Wenn wir davon sprechen, daß ein Mensch aus der zuverlässigen mütterlichen Gegenwart sein »Ur-Vertrauen« bilde, sollten wir den Satz auch umkehren dürfen: Wie wäre es mit einem Ur-Vertrauen von Müttern und Vätern *zu* ihrem *Kind,* in ihr Kind, in seine »Werde-Gestalt«? – Später kommen Lehrer, Freunde, Partner, Nachbarn, die Mitmenschen dazu, die Anstöße geben, und auch Beruf, Religion, Gesellschaft, Kultur. Anders als durch Anstöße von außen kann die »Werde-Gestalt« die ihr innewohnende Dynamik nicht oder nur höchst ungenügend entfalten.

In dem »Bedürfnis«, in diesem Angewiesensein auf »Anstoß« kommt mein ständiges Bezogensein zum Ausdruck, und auch meine Begrenztheit, denn ich *kann* gar nicht alles und schon gar nicht allein. Ich stehe in einem Wechselverhältnis und im Dialog.

Fasse ich zusammen: Mit dem Begriff »Selbst« ist beschrieben meine mir innewohnende »Werde-Gestalt«, die zur Entfaltung drängt. Es ist das, was ich vom Kern her *»bin«* und *noch – nicht bin.* Und es ist zugleich das, was ich bis jetzt, entsprechend meinen »Potentialen«, daraus verwirklicht oder nicht verwirklicht habe. Wenn ich nun noch einmal die psychoanalytische Theorie von der Struktur der Persönlichkeit heranziehe, meine ich: »Ich«, »Es«, »Über-Ich« (was Freud den »psychischen Apparat« nennt) sind alles *Funktionen im Dienste des »Selbst«,* der entelechialen Werde-Gestalt. Je geringer die

Diskrepanz zwischen dem »Selbst« als »Werde-Gestalt« und dem tatsächlich gelebten »Selbst« ist, um so wohler kann ich mich fühlen. Vielleicht ist das die letztmögliche Geborgenheit: in sich, in seinem »Selbst«, das ein zur Gestaltung drängender Aspekt des Kosmos ist, zu *sein*.

Unwohl, in erheblicher Diskrepanz fühlt sich zum Beispiel *Klara,* unverheiratet, in der Pädagogik tätig und darin sehr engagiert. Sie ist klug, einfühlsam und intuitiv. Soweit, wie es scheint, rundum eine Persönlichkeit. Nur: Als »Frau« fühlt sie sich nicht. Sie fühlt sich ausgesprochen als Neutrum, weil sie von Anfang ihres Lebens an gelernt hatte, Geschlecht und Geschlechtlichkeit zu ignorieren.

In seinem Drama »Andorra« hat Max Frisch in fast unüberbietbarer Weise die zunächst aufgezwungene, später aber scheinbar selbst gewählte Selbst-Verfehlung geschildert. Max Frisch schildert darin den Weg eines Jungen, der die negative Identität seines Vaters zu leben hatte. Der hochangesehene Vater verleugnet seinen unehelichen Sohn und behauptet, dieser sei ein gerettetes Judenkind. So zieht er ihn auch auf. Er hängt an ihm und verdammt ihn doch zum Scheitern, indem er ihn den antisemitischen Vorurteilen der Gesellschaft preisgibt: Er sei feige, geil, ohne Gefühl, nur aufs Geld aus. Erst kämpft Andri verzweifelt dagegen und um sein eigenes Selbst. Dann gibt er innerlich nach und übernimmt das Fremde, ihm absolut Ungemäße. Als er 20 Jahre alt ist, will sein Vater ihn aus diesem Fremdbild befreien. Das gelingt nicht. Dann beauftragt er einen Pater. Doch es ist bei Andri zu spät. Andri sagt dem Pater: »Seit ich höre, hat man mir gesagt, ich sei anders, und ich habe geachtet darauf, ob es so ist, wie sie sagen.« (Das war der Zweifel aus der eigenen Werde-Gestalt, der auch in den folgenden Wendungen immer wiederkehrt, vergeblich, der Außendruck war die stärkere Realität.) »Und es ist so, Hochwürden: Ich bin anders. Man hat mir gesagt, wie meinesgleichen sich bewegen, nämlich so und so, und ich bin vor den

Spiegel getreten fast jeden Abend. Sie haben recht: ich bewege mich so und so. Ich kann nicht anders. Und ich habe geachtet auch darauf, ob wahr ist, daß ich alleweil denke ans Geld, wenn die Andorraner mich beobachten und denken, jetzt denke ich ans Geld, und sie haben abermals recht: Ich denke alleweil ans Geld. Es ist so. Und ich habe kein Gemüt, ich hab's versucht, aber vergeblich: Ich habe kein Gemüt, sondern Angst. Und man hat mir gesagt, meinesgleichen ist feig. Auch darauf habe ich geachtet. Viele sind feig, aber ich weiß es, wenn ich feig bin. Ich wollte es nicht wahrhaben, was sie mir sagten, aber es ist so. Sie haben mich mit Stiefeln getreten, und es ist so, wie sie sagen: Ich fühle nicht wie sie. Und ich habe keine Heimat. Hochwürden haben gesagt, man muß das annehmen, und ich hab's angenommen« (M. Frisch, Andorra; vgl. dazu H. E. Richter, Eltern, Kind und Neurose).

Das Schicksal des Andri in Max Frischs »Andorra« könnte uns Heutige mindestens ebenso ergreifen, wie Freud zu seiner Zeit meinte, daß uns das Schicksal des Königs Ödipus ergreife. Wieviel von Andri steckt in mir! Andri ist ein ebenso hervorragendes wie schreckliches Beispiel von der »Herrschaft des Ich« über das (entelechiale) Selbst. Darum ergreift mich das Schicksal des Andri in »Andorra«, weil es so alltäglich ist, geschah und geschieht, in bester Absicht. Es *hätte* nicht meines, Ihres, sein *können* wie der Fluch über Ödipus. Es *ist*, sehr verborgen und abgewandelt, uns allen angetan.

Dieses Beispiel gibt mir Gelegenheit, auf weitere und leider zu oft nicht beachtete Signale und Anstöße hinzuweisen: meine Befindlichkeit, meine Stimmungen, meine körperlichen Beschwerden, nicht zuletzt meine Träume. In all diesen Phänomenen meldet sich mein Selbst »zu Wort«. Noch in der so bedrohlich erscheinenden »Fragmentierung des Selbst«, was bis zur zeitweiligen »psychotischen Reaktion« führen kann, ist ein alarmierendes Signal: bis hierher und *so* nicht mehr weiter.

In der psychoanalytischen Theorie ist dem »Ich« *die* entscheidende Funktion zugewiesen. Das hat sicher dazu beigetragen, daß das »Ich« so überwertig und oft genug Selbstzweck werden konnte. Das drückt sich aus in der Gleichsetzung von »Ich« und »Selbst«. Darin kommt *auch* ein hierarchisches Denken zum Vorschein. Mir kommt das so vor, als wäre mit der Einsetzung des »Ich« als Herrscher und Beherrscher im Menschen die Herrschaft *über* den Menschen durch »höhere Werte« wie Gesellschaft, Religion usw. vorprogrammiert, damit diese Mächte, in ihrem Selbstverständnis natürlich nur *für* den Menschen, ohne Rücksicht auf die »Selbste« ihre eigenen Ziele erreichen konnten.

Ich wiederhole, weil ich es betonen möchte: Das »Ich« ist ebenso wie »Es« (zum Beispiel Sexualtriebe) und »Über-Ich« (eine Art Gewissen) eine *Funktion,* deren sich das »Selbst« in seinem »Werde-Prozeß« bedient.

Vielleicht enthält gerade der Narkissos-Mythos in der psychoanalytischen Interpretation ungewollt einen entscheidenden Hinweis: Wer nicht um sein »Selbst« weiß und es nicht zur Entfaltung kommen läßt, bleibt blind, taub und stumm, sich gegenüber und den anderen gegenüber. Also ist der notwendige Schritt der: vom Narzißmus zum Selbst! – Auch in der sich bisher »monotheistisch« verstehenden Psychologie und Psychoanalyse: vom psychoanalytischen »Monotheismus« zum psychoanalytischen »Polytheismus«. Das wird Folgen haben für die Persönlichkeits- wie für die Krankheitslehre.

Das (entelechiale) »Selbst« ist nicht eine von einem einzigen, hierarchisch durchwirkenden Prinzip geformte und zu formende Gestalt. Es ist vielmehr vergleichbar einem »Götter-Bund«.

Wenn heute so viel von Selbstverwirklichung die Rede ist, dann scheint mir darin – trotz aller Mißverständnisse, Mißbräuche und Irrtümer – etwas ganz Zentrales zum Ausdruck zu kommen. Der Mensch von heute – im Zeitalter des »Wassermanns« – fühlt, daß die Verabsolutierung und Vereinseitigung einer Funktion, des »Ich«, zur Katastrophe führt: zur persönlichen Katastrophe im Verfehlen des jeweiligen *ganzen* Wesens.

Ein einfacher, alter Bauer meiner Heimat hat mir einmal über eine Frau, die in der Sorge für ihre Kinder nur Besitz raffte, gesagt: »Waas hat's na g'het, nex als ihr Sach« (Was hat sie am Ende ihres Lebens erreicht: nichts als Besitz). Dieses Verfehlen des eigenen ganzen Wesens – oftmals idealisiert zur »Selbstlosigkeit« (!) – führt unvermeidbar zum unbewußten Selbst-Haß und zur unbewußten Selbstzerstörung. Diese negative Energie muß zwangsläufig auch nach außen wirken. Sie tut es. Denn sie ist dabei, die ganze Spezies und den Planeten, den diese Spezies bewohnt, auszulöschen.

Sein (entelechiales) Selbst entfalten und leben ist etwas anderes als sein »Ich« leben. Ich möchte das in einem Bilde verdeutlichen: Da ist die Partitur eines großen Orchesterwerkes. Um das Werk aufführen zu können, brauche ich eine vollständige Besetzung aller Instrumente und dazu möglichst »Meister« der einzelnen Instrumente. Und einen Dirigenten, der die Partitur lesen und hören kann und die Instrumentalisten dazu bringt, entsprechend der Partitur zusammenzuspielen. Gelingt das, würde ich das mit entfaltetem und gelebtem »Selbst« vergleichen. Würde der Dirigent aus der ganzen Partitur nur die erste Geige zulassen, allerdings in der äußersten Perfektion der Bogenführung und Strichtechnik, und alle übrigen Stimmen allmählich ganz zum Verstummen bringen, dann wäre das in meinem Bilde das Solospiel des »Ich«.

Zu der drohenden ökologischen Katastrophe oder den militärischen »Endlösungen« gibt es nur eine Alternative: sein eigenes Selbst zu erfahren, es zu entfalten im praktischen Lebensvollzug. Jedes »Selbst« ist ein ungeheures Energie-

Potential. Jedes Selbst ist ein nur ihm möglicher Aspekt des Lebendigen im Gesamt des Kosmos. Um noch einmal ein Bild zu gebrauchen: W. A. Mozart ist W. A. Mozart, Haydn ist Haydn, und J. S. Bach ist J. S. Bach usw.

Ihr »Selbst«, mein »Selbst« ist *eine* jeweils nur Ihnen, nur mir *mögliche* und notwendige Variante im Kosmos.

VON DER ENT-ZWEIUNG ZUR EINUNG

Finaler Sinn der Neurosen

Der Weg zu sich selber ist durch viele Trübungen und Blendungen oft schwer sichtbar. Und er ist durch viele Hindernisse erschwert und oft, wie der Weg zur Hölle, mit guten Vorsätzen gepflastert: »Hölle«, das wäre dann die endgültige Selbstverfehlung. Endgültig, das ist am Ende des Lebens. Aber der Weg ist auch gesäumt von vielen, meist übersehenen Mahnzeichen.

Der Weg des Lebens ist, trotz zahlloser Zickzackverläufe und Serpentinen, eine *Einbahn*straße. Er geht von der Geburt zum Tode. Umtausch ist ausgeschlossen.

Wenn ich das scheinbar so ganz einfach dahersage, stelle ich im Grunde die Frage nach dem Wesen der Neurose. Was ist oder bezeichnet das, »Neurose«? Der Begriff wurde von dem schottischen Arzt William *Cullen* (1710–1790) geprägt. Cullen versuchte, mit diesem Begriff »nervöse« Anomalien zu fassen, die *nicht* auf organischen Veränderungen der Nervenzellen und Nervenfasern, sondern lediglich auf funktionellen Störungen, auf einer regelwidrigen Tätigkeit des Nervensystems beruhen. Sigmund *Freud* übernahm diesen Begriff für die Psychoanalyse. Er charakterisiert Neurosen so: »Die Neurosen haben *(keine)* . . . spezifische Krankheitsursache . . . Sie sind durch *fließende Übergänge* mit der sogenannten Norm verbunden, und andererseits gibt es kaum einen als normal anerkannten Zustand, in dem nicht Andeutungen neurotischer Züge wären. Die Neurotiker bringen ungefähr die gleichen Anlagen mit wie die anderen Menschen, sie erleben das nämliche, sie haben keine anderen Aufgaben zu erledigen. – Warum aber leben sie um soviel schlechter und schwieriger und leiden dabei an mehr Unlustempfindungen, Angst und Schmerzen?« Die Antwort: »Es sind quantitative Disharmonien, die für die Unzulänglichkeit und für die Leiden der Neurotiker verantwortlich sind.« Ich wiederhole, um es damit zu betonen: Es sind fließende Übergänge zur sogenannten Norm; *quantitative* Disharmonien. Nicht *mehr!*

»Die Verursachung aller Gestaltungen des menschlichen Seelenlebens ist ja in der Wechselwirkung mit mitgebrachten Dispositionen und akzidentiellen (zufällig hinzutretenden; Anm. von mir) Erlebnissen zu suchen. Nun mag ein bestimmter Trieb zu stark oder zu schwach angelegt sein, eine bestimmte Fähigkeit verkümmert oder im Leben nicht genügend ausgebildet – andererseits können die äußeren Eindrücke und Erlebnise verschieden starke Anforderungen an die einzelnen Menschen stellen: Und was die Konstitution des einen noch bewältigen kann, mag für den anderen eine allzuschwere Aufgabe sein. Diese quantitativen Differenzen werden die Verschiedenheit des Ausganges bedingen . . . Die angegebene Ätiologie (Ursache, Verursachung; Anm. von mir) gilt für alle Fälle von seelischem Leid, Elend und Lähmung, aber nicht alle solchen Zustände können neurotisch genannt werden. Die Neurosen haben spezifische Charaktere, sie sind ein Elend besonderer Art . . . Wenn es richtig bleibt, daß die Neurosen sich in nichts Wesentlichem von der Norm entfernen, so verspricht ihr Studium uns wertvolle Beiträge zur Kenntnis dieser Norm zu liefern« (Sigmund Freud, GW XVII).

Freuds zentraler Ansatz ist die Frage, welcher Triebanspruch nicht oder nur unvollkommen bewältigt werden konnte *und* in welcher Lebenszeit. Die Klärung der »Triebschicksale« in der frühen Kindheit des später Erkrankten ist für ihn das Entscheidende. Diese Klärung bleibt auch das Entscheidende für die Frage der parallel und gleichzeitig verlaufenden Entwicklung des »Ich« und des »Über-Ich« (als »psychische Instanzen«) und der Entwicklung des Selbstwertgefühles (der sogenannten »narzißtischen« Entwicklung). Grundlegend für alle diese »Schicksale« sind danach die Erlebnisse, Erfahrungen und deren jeweilige Verarbeitung zwischen der Geburt und dem sechsten Lebensjahr. Alle späteren, oft erst im Erwachsenenalter auftretenden psychischen Erkrankungen knüpfen demzufolge »in allen Fällen an das Vorspiel der Kindheit« mit ganz wenigen Ausnahmen an (ebd.) Sehr vereinfacht könnte man (mit Albert Görres) sagen, Freud weise im Neurotischen »den unreellen Lustsucher und Unlustflüchtling« auf. Oder (mit Felix Schottlaender): der Triebaspekt beherrsche die Freudsche Psychoanalyse; Neurose bedeute für Freud »pathologisches individuelles Triebschicksal« (Felix Schottlaender, Das Ich und seine Welt).

Für Alfred *Adler* (Schüler Freuds von 1902 bis zu seinem Bruch mit Freud 1911), Begründer der sogenannten *»Individualpsychologie«,* ist Neurose eine sich ebenfalls aus Kindheitsgeschehen herleitende Unfähigkeit zur Einordnung in die Gruppe. Die Gruppe ist das Objektive (wie bei Freud der Trieb). Der Vereinzelte, der nicht »mitspielen« kann, ist der Neurotiker (vgl. Felix Schottlaender, a.a.O.).

Neurose ist danach als der mißlungene Versuch des Individuums anzusehen, sich aus einem Gefühl der Minderwertigkeit zu befreien und ein Gefühl der Überlegenheit zu gewinnen. Neurose ist der Zerfall der »gesunden« Beziehungen zwischen Individuum und Gemeinschaft (vgl. Schottlaender, a. a. O.).

C. G. *Jung* (ebenfalls Schüler Freuds und nach dem Bruch mit ihm, 1912, Begründer der »Analytischen« oder »komplexen Psychologie«) hielt die triebdynamische Auffassung Freuds für zu einseitig, sah darin sogar einen Grundirrtum und stellte dieser Auffassung seine Lehre entgegen, wonach das Unbewußte zum Bewußtsein in einem Kompensationsverhältnis stehe. Eigene Studien und umfangreiche Forschungen auf dem Gebiet der Traum- und Mythenmotive ergaben für Jung, daß die menschliche Psyche nur sehr teilweise einmalig sei. Das führte ihn zu der Unterscheidung zwischen persönlichem, das heißt *erworbenem,* und kollektivem, das heißt aus der Menschheitsgeschichte psychisch ererbtem, kollektivem Unbewußten. Für Jung ist (wie für Freud der Trieb, für Adler die Gruppe) das »Bild« das Objektive. Neurose ist für ihn demnach Überwältigung des Ich durch Bilder aus dem kollektiven Unbewußten und/oder eine dem eigenen Einstellungs- und Funktionstypus nicht entsprechende Haltung, insoweit also eine Entzweiung mit sich selber.

Während Freud und Adler Neurosen auf die Kindheit *zurückführen*, sieht Jung in der Neurose etwas Zielgerichtetes, Finales, etwas, das *jetzt* zur Lösung ansteht.

Für die *Daseinsanalyse* und die personale Psychotherapie (etwa vertreten durch Ludwig Binswanger, Medard Boss, Johanna Herzog-Dürck) ist Neurose ein »krankhaft gestimmtes Welt-Verhältnis«. Jeder Mensch steht in »einer ganz bestimmten Beziehung zur Welt«. Nicht eine Psyche und nicht ein Leib, nicht ein Konglomerat von Trieben und Partialtrieben, ein psychischer Apparat oder ein Subjekt, sondern die Existenz des jeweiligen Menschen mit all seinen Bezügen zur Welt begegneten uns im Gesunden wie im Kranken. Der Gesunde verfüge in Freiheit über die gesamten Möglichkeiten, die seine Existenz ausmachen, der Kranke sei dieser Freiheit verlustig gegangen. Aus lebensgeschichtlichen Gründen oder infolge eines aktuellen Konfliktes seien seine Bezugsmöglichkeiten reduziert oder auf eine einzige Lebensweise komprimiert. Nicht das seelische oder leibliche Symptombild und auch nicht die Art des auslösenden Konfliktes unterscheide die Menschen in ihrem Kranksein, sondern die Verschiedenheit der Störungen des Weltbezuges und das Ausmaß der Einengung oder Abdrängung eines Lebensbezuges bestimmten darüber, ob sich dieser gestörte Weltbezug lediglich »psychisch« als »Neurose« oder »somatisch« beziehungsweise »psychosomatisch« im Leibbereich äußere. Im Leibbereich würden solche Einengungen dort ausgetragen, wo diese leiblichen Funktionen einem bestimmten Weltbezug entsprächen: »Psychische Störungen wie leibliche Erscheinungen *sind* existentieller Austrag eines je gestimmten Weltverhältnisses« (vgl. dazu G. Condreau, Medizinische Psychologie und J. Herzog-Dürck, Menschsein als Wagnis).

Welt ist zwar hier *auch* etwas Objektives, aber schon nicht mehr nur – wie Trieb, Gruppe und Bild – »an sich« objektiv. In dieser Auffassung kommt Subjektivität zum Vorschein.

Erich *Fromm,* als einer der einflußreichsten und bekanntesten Psychoanalytiker Amerikas bezeichnet, von dem gesagt wird, von allen psychoanalytischen Theoretikern, die versucht hätten, gegenüber Freud ein den Problemen des gegenwärtigen Lebens adäquateres System zu formulieren, sei keiner so schöpferisch oder einflußreich wie er, gehörte bis zu der von der NS-Diktatur erzwungenen Emigration zum Frankfurter Institut für Sozialforschung mit Max Horkheimer, T. W. Adorno, Herbert Marcuse u. a. Es muß sehr nachdenklich stimmen, daß wir erst jetzt allmählich, dank der Anstrengungen und dem Mut von Hans Jürgen Schultz und der Arbeiten von Rainer Funk, zu einer Fromm-Rezeption kommen und daß Fromm selbst von den Großen der »Frankfurter Schule« in der Nachkriegszeit verleugnet und verschwiegen wurde. Fromm sieht die Charakterentwicklung nicht wie Freud an die Libidoentwicklung noch an deren Sublimationserscheinungen bzw. Reaktionsbildungen gebunden, sondern durch die Art, in der sich ein Mensch zur Welt in Beziehung setzt: »durch Aneignung und Assimilierung der Dinge (Assimilierungsprozeß) und durch seine Beziehung zu sich selber und zu den Menschen (Sozialisationsprozeß). Für Fromm ist deshalb prägend die Gesellschaftsstruktur, die durch die ökonomischen Verhältnisse bestimmt ist. Demzufolge sind für Fromm die sozioökonomischen Verhältnisse ausschlaggebend: Nicht die Triebstruktur bestimmt das Wesen und die Verhaltensweisen des Menschen; vielmehr kommt »im Wechselspiel des Aufeinanderwirkens der psychischen Antriebe und der ökonomischen Bedingungen letzteren ein Primat zu« (R. Funk, Mut zum Menschen).

Viktor E. *Frankl* zielt mit seiner »Existenzanalyse« und der dazugehörenden »Logotherapie« auf die sogenannte »noogene«, das heißt vom Geistigen her kommende, Neurose (V. E. Frankl, Theorie und Therapie der Neurosen). Die unendliche Leere des Raumes und der Zeit ist die eigene Herzensleere des Menschen. Sofern sich die Angst letztlich vor dem Nichts ängstigt, nimmt hier die unendliche Leere des Raumes die Stelle des Nichts ein, diese Leere des Makrokosmos scheint aber eine bloße Projektion einer inneren Leere, einer existentiellen Entleertheit, der Leere des Mikrokosmos zu sein. Diesem »Horror vacui« setzt Frankl den *Sinn* entgegen: durch Hingabe an eine Sache und/oder Person.

Felix Schottlaender (einer der Mitbegründer der heutigen »Stuttgarter Akademie für Tiefenpsychologie und analytische Psychotherapie e. V.«) kommt der daseinsanalytischen Auffassung sehr nahe. Er sieht in der Neurose die Rebellion, das Nein und den Protest, die Auflehnung gegen die Wirklichkeit, die Unfähigkeit, das unabänderlich Gegebene als geschenkte Gabe dankbar annehmen zu können. Vielmehr wird die Wirklichkeit als bösen Ursprunges, als feindselige, kränkende Demütigung empfunden und abgewiesen (vgl. Görres, in: Schottlaender, Das Ich und seine Welt).

Ich will es bei diesem sehr kursorischen Überblick über verschiedene analytische Neurosentheorien belassen. Bei aller Unterschiedlichkeit der Aspektbetonung haben sie eines gemeinsam: Sie gehen von einem *Unbewußten*, unbewußten Störungen, unbewußten Konflikten aus. Die den Störungen zugrundeliegenden Inhalte müssen demzufolge aufgedeckt (= analysiert), dem Bewußtsein zugänglich und ins Bewußtsein integriert werden. Im Gegensatz etwa zu lerntheoretisch begründeten Verfahren, die – kurz gesagt – »falsch« gelernte Einstellungen und Verhaltensweisen abbauen und durch »richtiges« Lernen ersetzen wollen.

Zu diesem Überblick will ich noch einiges aus dem möglichen Symptomkatalog anführen. Selbstverständlich ist keinerlei Anspruch auf Vollständigkeit damit verbunden.

Da wären zunächst die Formenkreise und einige dazugehörige Erscheinungsformen der Psychoneurosen zu nennen, wobei ich nicht versäumen möchte, auf die »fließenden Übergänge« vom sogenannten »Normalen« zum »Pathologischen«, an die lediglich »quantitativen Disharmonien« zu erinnern: *Schizoidie* (Mißtrauen, Kontaktschwierigkeiten, Kontaktstörungen oder -unfähigkeit bis zu Depersonalisationsphänomenen). *Reaktive Depression* (zum Beispiel Verstimmung bis zu schweren und anhaltenden Zuständen; aber auch Arbeitsstörungen). *Phobien* (Platz-, Raum-, Höhen-, Tiefen-, Dunkelangst; Tierphobien; Schul- und Versagensangst). Soweit sich Ängste vorzugsweise auf den eigenen Körper beziehen: *Hypochondrien* – vielleicht ist mancher »Trimm-dich-« und sonstiger »Gesundheitsfanatismus« verdeckte Hypochondrie? *Zwänge* (Pedanterie, Zwangsvorstellungen, Wasch- oder Kontrollzwang, Zwangshandlungen aller Art). *Hysterie* (wie übersteigerte Ausdrucksweisen von Affekten durch entsprechendes Verhalten und entsprechende Sprache, übertriebene Arten von Selbstdarstellung). Dann die sogenannten Organ-, Konversions- oder konversions-hysterischen Neurosen.

Im Gegensatz zu den eben genannten Psychoneurosen, die einen unbewußten und demzufolge nicht verarbeiteten psychischen Konflikt nur im Erleben und Verhalten äußern, wird in den Organneurosen der Körper – vergeblich – zur »Verarbeitung« mit herangezogen und »mitbetroffen«, ohne daß organische Gründe für die Erscheinung ursächlich wären: zum Beispiel Kopfschmerzen bis zur Migräne, Herz-, Kreislaufanomalien, Magen-Darmtrakt-Erkrankungen, Gallen-, Leber-, Nierenleiden, Atemwegserkrankungen; Impotenz und Frigidität. Weil hier Körperliches so sehr im Vordergrund steht, spricht man hier neuerdings auch von »Psychosomatosen«. Forscher machen zunehmend auch für Krebserkrankungen psychisches Geschehen mit- oder ganz überwiegend verantwortlich.

Ich will diesem Überblick über gängige Neurosentheorien

aus meiner eigenen Beobachtung und Erfahrung an mir selber und an mir bekannten Schicksalen eigene Überlegungen hinzufügen. Ich gehe von der folgenden Hypothese aus: So wie jeder Mensch ein angeborenes »genetisches Potential« hat, das sich entfaltet und entfalten *kann,* so hat jeder Mensch *auch* ein »psychisches Potential«, das »Selbst«, jeder seines, das nur ihm in dieser Weise eigene. Dieses Potential »ist vermutlich die Summe der Anlagen mit der potentiellen Energie zur Entfaltung« (vgl. Sanders/Schmid, in: G. Bittner, Selbst und Selbstwerdung des Kindes).

Wegen dieser potentiellen Energie zur Entfaltung spreche ich – in Anlehnung an die von Aristoteles ausgehende Bezeichnung – von einem »entelechialen Selbst«, also einem »Selbst«, das das »Ziel« in sich hat, aber weithin »unbewußt« bleibt, oft nur gefühlt, in entscheidenden Begegnungen und Erlebnissen, vor allem aber in Krisen und Träumen auch erfahren werden kann. Und ich füge hinzu, daß diese »Werde-Gestalt« oder dieses »Soll-Sein« vermutlich viele persönliche Varianten zuläßt. Dieses »Potential« oder »entelechiale Selbst« braucht zu seiner Entfaltung den Anstoß von außen, von anderen Potentialen. Mein »Selbst« steht sozusagen ständig in einem Nachrichten- und »Meinungsaustausch« mit sich selber *und* in einer Art Nachrichten- und Meinungsverarbeitung, die es von anderen und anderem erhält. »Mit sich selber« ist so zu verstehen: mit dem, was es ist, das heißt mit meiner realen, verwirklichten Person (»Ist« = Sein) und mit der »Werde-Gestalt« (»Soll-Sein«).

Es ist also in sich dynamisch. Um sich entfalten zu können, braucht es gewissermaßen unmittelbare Ausdrucksformen und Wahrnehmungs- und Ausführungs-»Organe«. Ich habe deshalb vorgeschlagen, die (in der psychoanalytischen Theorie der Struktur der Persönlichkeit so bezeichneten) »Instanzen« – Es, Ich, Über-Ich – als »Funktionen im Dienste des Selbst« zu bezeichnen.

Dieses Selbst ist, scheint mir, äußerst sensibel, muß es ja auch sein. Es leuchtet deshalb ein, daß es auch sehr störanfällig ist. Und je früher die »Irritation« erfolgt, um so folgenschwerer kann das sein. Ich denke da beispielsweise an die perinatale Zeit. Natürlich bleiben »Irritierbarkeit« wie »Zielgerichtetheit« das ganze Leben erhalten.

Störungen können zum Beispiel die »Zielgerichtetheit der Werde-Gestalt« betreffen durch, wie ich das bezeichnen möchte, »psychische Noxen«, Gifte. Solche Noxen *können* perinatale Vorstellungen der Etern, eines Elternteils, möglicherweise sogar zwischen den Eltern konträr sein, Einstellungen hinsichtlich Gestalt, Geschlecht, Beruf usw. des Sprößlings, natürlich auch alle späteren Milieueinflüsse, Erziehungshaltungen (insbesondere deren unbewußte Hintergründe und Ziele). Und diese Störung in der »Zielgerichtetheit« hat Folgen für die »Funktionen«. Ich will das an einem auffallenden Beispiel deutlich machen:

Da erwarten Eltern ihr viertes Kind. Da ihre drei anderen Kinder Buben (und die elterlichen Eigenschaften und Hoffnungen für Buben bereits »verteilt«) sind, hoffen sie verständlicherweise sehnlichst auf ein Mädchen. Aber es wird ihnen wieder ein Junge geboren. Wenn es nun schon (wieder) ein Junge ist, soll er etwas ganz Besonderes werden, und ein weiteres Kind soll auch nicht mehr folgen. Und da die Eltern sehr fromm sind, wollen sie von jetzt an allenfalls unter sorgfältigster Einhaltung der »Knaus-Ogino-Methode« miteinander schlafen. Das Kind wird auf den Namen Romano Maria Albert getauft. Romano nach dem Großvater väterlicherseits, Maria nach der Großtante mütterlicherseits und Albert nach dem Vater. In den Phantasien der Eltern ging freilich mehr vor sich bei dieser Namenswahl: Romano (Guardini), ein für die katholische Jugendbewegung bedeutsamer Priester und gelehrter Theologe, Maria, die »Gottesmutter«, und Albert – nicht Albertus Magnus, sondern Albert Einstein. Ich halte

Namenswahlen für Kinder für sehr bedeutsam, sie enthalten tatsächlich Vorbilder, das heißt Aufträge! Romano sollte sowohl ein die »verkrustete Amtskirche« reformierender, die Jugend für das Reich Gottes wieder begeisternder Priester und Theologe und als solcher auch die Grundlagen der theoretischen Physik beherrschender Naturwissenschaftler werden. Romano entwickelte sich zur Freude seiner Eltern: willensstark, intelligent, voll hoher Ideale, allem »Niederen« abhold, äußerst streng gegen sich selber und die Lebensgenüsse verachtend, ein Skeptiker, der den kommenden »Untergang des Abendlandes« genau begründen kann. Heute wissen wir, daß er seinen Anlagen nach ein lebensfroher und lebensbejahender Künstler hätte werden können.

In dem genannten Schicksal drückt sich die Störung in der Zielgerichtetheit in der Berufswahl aus. »Ich«, »Es« und »Über-Ich« wurden so weit entwickelt und durften sich so weit entwickeln, wie es im Dienste der aufgezwungenen Zielgerichtetheit gut war.

Störungen können aber auch in der Diskrepanz zwischen dem Gelebten und dem *möglichen* Leben entspringen. Auch dazu zunächst ein Beispiel: *Sophie,* in einem Beruf, der ihr wie auf den »Leib geschnitten« scheint, verheiratet, zwei Kinder. Sie hat recht gute Lösungen gefunden, um Ehe, Mutterschaft und Beruf sowohl ihren äußeren Kräften wie den inneren Gewichten nach vereinbaren zu können. Aber sie spürt ein tiefes Unbehagen. Irgendwo ist sie dabei, sich »einzurichten«, steckenzubleiben. Sie *müßte* heraus, sich öffnen, anderes mit hereinnehmen *und* leben. Ihre Ein- und Durchschlafschwierigkeiten, ihre rational völlig unbegründete Reizbarkeit machen ihr das sehr deutlich.

Was will ich mit all dem sagen? Nach meiner Erfahrung und Überzeugung kommt in einer Neurose immer ein Konflikt zwischen dem, was ich das »entelechiale Selbst« genannt habe, und dem realen, das heißt tatsächlich »gelebten Selbst« zum Ausdruck und Austrag. Wie immer man versuchen will, dem Phänomen Neurose näherzukommen, es sind Versuche, zu verstehen und zu beschreiben. Das Rätsel der Neurose ist ja nur ein Teilproblem des Rätsels Mensch überhaupt. Ich glaube sogar, daß der Mensch, trotz aller unserer Versuche, manchem Rätsel näherzukommen, letztlich ein Geheimnis bleibt. Und so wird für alles Bemühen, dem Rätsel Neurose näherzukommen, Freuds Satz Gültigkeit behalten und in seiner Gültigkeit Mahnung zum unablässigen Bemühen nach besserem Verstehen bleiben: »Wir finden uns unversehens wieder vor der oft gestellten Vexierfrage, woher kommt die Neurose, was ist ihr letztes, das ihr besondere Motiv? Nach jahrzehntelangen analytischen Bemühungen erhebt sich dieses Problem vor uns, unangetastet, wie zu Anfang« (S. Freud, GW XIV).

Wenn ich alle Versuche überdenke, die beschreibend klären wollen, was Neurose ist, muß ich sagen: *Erstens,* sie ist nur ein Unterschied zur sogenannten Normalität in den »quantitativen Disharmonien«, nicht in den qualitativen. Daraus folgt *zweitens:* In jeder sogenannten Normalität steckt ein Stückchen Neurose. Wenn ich mich ansehe und meine eigenen Überlegungen dazunehme, dann schließe ich mich vorbehaltlos mit ein. *Drittens:* Walter Lechler hat wohl sehr recht, wenn er etwas provozierend formuliert: »Gesund ist, wer noch krank werden kann.« Tatsächlich. Es gibt viele »psychisch so hoffnungslos Gesunde«! Sind wir schon so gespalten? *Viertens:* Neurose ist auch ein Modus vivendi, ein Kompromiß in der psychischen Überlebensstrategie und dann ein Signal, angemessenere Lösungen zu suchen. *Fünftens:* Sehe ich unsere wechselseitigen Abhängigkeiten und unsere unbewußten Interaktionen oder die Kollusionen an, kann ich nicht umhin zu sagen, daß manche *»Neurotiker«* sein müssen, damit andere »gesund« sein können.

Was meine ich mit »Interaktionen« (ein Begriff, der schon

zu einem weitverbreiteten Sprachgebrauch gehört)? Interaktion meint – ganz allgemein –, daß das Verhalten eines oder mehrerer Partner in einer Situation das Verhalten des (oder der) Partner beeinflusse. Beispiel: Ein Mann kommt von der Arbeit nach Hause, wird von Frau und Kindern begrüßt, es beginnt das, was man früher den *Feier*-Abend nannte (heute sagt man dazu wohl eher – wie aufschlußreich ! – »Frei-Zeit«). Nachdem die Kinder zu Bett gegangen sind, beginnt ein Gespräch zwischen den Eheleuten. *Sie* berichtet von den Freuden und Leiden des Tages, ganz heiter und vergnügt. Sie hatte alles in allem einen »guten Tag«. Er hört – scheinbar sehr geduldig und anteilnehmend – zu. So gut *ihr* diese Geduld tut, irgendwo spürt sie ein Unbehagen, möchte manchmal, ohne daß sie wüßte warum, ärgerlich werden. Sie wird es nicht, sie hatte einen guten Tag. Dann berichtet er von seinem Tag, einem wie die meisten von den ca. 250 Arbeitstagen des Jahres. Alles lief glatt. Aber ihr Unbehagen steigt. Ganz nebenbei erfährt sie, daß ihr Mann heute von seinem Chef nicht gegrüßt wurde, was ihn wohl verwundert, jedoch nicht weiter beschäftigt habe. Das Gespräch geht weiter, wird schließlich immer verdrießlicher, gereizter, ärgerlicher, bis sie beide, verstimmt, ohne zu wissen warum, erschöpft ins Bett sinken. Ein ganz alltägliches Beispiel.

Ein weiteres Beispiel: Da sitzen sehr kluge und sehr differenzierte Leute um einen Tisch. Und weil Bundestagswahlen anstehen, diskutieren sie über ihre jeweilige persönliche Wahlentscheidung und deren Begründung. Einer der Teilnehmer spürt, daß seine Argumentation nicht überzeugt. Er gerät mit seiner Ansicht in Schwierigkeiten, fühlt sich offenbar als Person in Frage gestellt, nicht nur seine Meinung. Um sich zu retten, holt er immer neue – wie er meint rein sachliche – Argumente heran, aus Gebieten, die nun wirklich nicht mehr zum Thema gehören. Die anderen versuchen ihm zu folgen, obwohl sie merken, daß da etwas nicht mehr stimmt. Jonathan spürt die Irritation der anderen, wird dadurch selber noch mehr in Frage gestellt, argumentiert nun noch weiter ausholend, bis sich alle ganz erschlagen und auf eine sehr traurige, den schönen Kreis sprengende Weise ver-rückt fühlen.

Oder, um einen Schritt weiter zu gehen: Da ist ein stockkonservativer Mann mit einer progressiven Frau. *Er* kann seine Konservativität leben, weil *sie* seine Progressivität, sie ihre Progressivität, weil er ihre Konservativität mitübernommen hat. Die jeweilige »Vorderseite«, die die einen leben, brauchen die anderen nicht als ihre eigene »Rückseite« wahrzunehmen. Das ist die Ursache für ein anderes Phänomen: unsere unbewußten Abhängigkeiten und »Stellvertreterfunktionen«, »Randgruppen« und »Eliten«, psychiatrisch Asylierte und »Normale«, Gläubige und Ungläubige, Kriminelle und Gesetzestreue vertreten sich gleichsam gegenseitig.

Es zeigt sich *sechstens:* An dem, was wir Neurose nennen, erkrankt zu sein ist keinerlei Grund zur Beschämung, im Gegenteil! Die Erkrankung zeigt, daß noch genügend Sensibilität des Selbst wirksam ist. Grund zur Beschämung vor sich selber gäbe es allenfalls dann, wenn jemand glaubte, dieses Signal mit Rücksicht auf die anderen leugnen zu müssen. Das soll an einigen Schicksalen verdeutlicht werden.

Da ist ein etwa siebenunddreißigjähriger Mann. Trotz Abiturs hat er nur ein Teilstudium der Rechtswissenschaften absolviert und mußte dann die mittlere gehobene Verwaltungslaufbahn einschlagen. Und auch daraus hat er sich erfolgreich herauskatapultiert. Dann wurde er arbeitslos. Aber auch da hat er – selbstverständlich wie auch bei allen vorherigen Stationen und Situationen seines Lebens – unbewußt dafür gesorgt, daß er aus der Arbeitslosenversicherung herausflog. Jetzt ist er – befristet – Frührentner. In dieser Zeit will er eine Meditationstechnik ersinnen und entwickeln, um sich dann als Lehrer dieser Technik selbständig zu machen. Siegfried Bonifaz, wie ich den Mann in Anlehnung an die von seinen Eltern gewählten Vornamen nennen will, war offensichtlich von seinen Eltern zu etwas ganz Besonderem ausersehen. Unklar blieb mir bisher, von wem diese widersprüchlich-programmatische Namensgebung letztlich kommt, Siegfried vom Vater, einem Betriebsschlosser, und Bonifatius von der frommen Mutter? Siegfrieds Geburtstag ist ebenso unklar. Angegeben ist der 20. April (ein Kriegsjahr). Es sollte auf jeden Fall »Führers Geburtstag« sein. Ob er aber gegen Ende des 19. oder am frühen 21. April geboren wurde, das läßt sich beim allerbesten Willen nicht mehr klären, die Mutter weiß es nicht mehr, sie weiß nur, daß mit dem Datum manipuliert wurde. Die von Eltern für ihre Kinder gewählten Namen scheinen mir progammatisch zu sein, eine Art Lebensskript, einem »Drehbuch« gleich.

Oder das Schicksal des *Kasimir.* Kasimir, ein fast neunjähriger Junge, wird zur Therapie gebracht wegen Weglauftendenzen, Trödeln, Schlampereien, Konzentrationsschwierigkeiten, Lese- und Rechtschreibschwäche, Aggressivität gegen die Schwester. Nachts schläft er nur mit einem Gewehr unter dem Bett. Diese Symptomatik macht ihn sozial sehr auffällig.

Als erstes zeichnet er in der Therapie einen Totenkopf. In seinen Spielen sind sehr viele aggressiv-destruktive Inhalte zu erkennen wie Autounfälle, Raub, Diebstahl, Mord. In seinen zeichnerischen oder szenisch gestalteten und auch verbalen Äußerungen sowie in seinem Verhalten dem Therapeuten gegenüber wird ein zentrales Problem sichtbar: Illegalität und Kriminalität.

Lebensgeschichtlich wird deutlich: Der Vater Kasimirs – gelernter Mechaniker, jetzt Gelegenheitsarbeiter – verbüßt derzeit wieder wegen Eigentumsdelikten eine Haftstrafe. Kasimirs Mutter ist Tochter eines sehr wohlhabenden Akademikers, wohlhabend durch eigene Leistung und dazu noch durch Erbschaften. Die Analyse zeigt, daß sowohl väterlicher- wie mütterlicherseits Spuren bis zu den Urgroßeltern verfolgbar sind: Nie eingestandene, geschweige denn gesühnte Schuld: Konkurstreibereien und -bereicherungen, als »Jagdunfall« getarnter Mord am Jagdaufseher, Korruption und ungerechtfertigte Bereicherungen, zuletzt beim Vater von Kasimir früh geübt in der unmittelbaren Nachkriegszeit als sogenanntes »Organisieren«. Wo man hinsieht: Schuld, verleugnete Schuld, besten Glaubens noch dazu als wirtschaftliche oder gar humanitäre Leistung dargestellt. Kasimir bringt sie in seinen Symptomen – buchstäblich – »an den Tag«.

Ich könnte die Darstellung solcher Schicksale noch um ein vielfaches vermehren. Aber ich möchte mich einem »klassischen«, weltbekannt gewordenen und für die psychoanalytische Theoriebildung ausschlaggebenden zuwenden: dem Schicksal des Königs Ödipus von Theben, wie es in der Tragödie von Sophokles dargestellt wurde.

Dieses Schicksal hat Sigmund Freud veranlaßt, den sogenannten »Ödipuskomplex« zum »Kernkomplex« aller Psychoneurosen zu erklären, weil dieser Ödipuskomplex eine grundlegende Rolle in der Strukturierung der Persönlichkeit und der Ausrichtung des sexuellen Wunsches des Menschen spiele. Frühkindlich – etwa drittes bis fünftes Lebensjahr – bereits vorformuliert im – von der väterlichen »Kastrationsdrohung« – unterdrückten Wunsch des Jungen, mit seiner Mutter sexuell-genital zu verkehren, und dem des Mädchens, mit dem Vater ein Kind zu haben.

Für meine folgenden Überlegungen muß ich auf Einzelheiten der Tragödie verzichten und sie kurz zusammenfassen. Sie zeigt die Aufklärung des über die Stadt Theben hereingebrochenen Unheils nach einer Zeit der Blüte, einer Blüte, die durch Ödipus herbeigeführt worden war. Ursache des Unheils ist Ödipus, weil er – ahnungslos – seinen leiblichen Vater, Laios, erschlagen und ebenso ahnungslos seine Mutter, Jokaste, als Witwe des Laios von der Stadt Theben für die Befreiung von der todbringenden Sphinx nach damaliger Sitte zum Geschenk bekommen, sie geheiratet und mit ihr Kinder bekommen hatte. Soweit das in der Tragödie dargestellte Schicksal des Königs Ödipus.

Aber Ödipus hat eine Vorgeschichte. Sein Vater Laios – dessen Vater bereits in Laios' erstem Lebensjahr starb – war Sohn des Königs Labdakos von Theben. Der Herrschaft von Theben bemächtigten sich andere, die schließlich Laios vertrieben. Laios fand Zuflucht bei König Pelops auf dem Peloponnes. Pelops' schöner Sohn Chrysippos rief in Laios eine so heftige Neigung wach, daß er ihn entführte. Chrysippos nahm sich das Leben. Auf diese Entführung und den dadurch verursachten oder ausgelösten Selbstmord gründete sich der Fluch des Apollon, der Laios durch das Delphische Orakel mitgeteilt wurde: Laios werde durch die Hand des eigenen Sohnes sterben, und dieser Sohn werde seine Mutter, Laios' Frau, heiraten. Nach dem Tod der Usurpatoren bestieg Laios den Thron und heiratete Jokaste. Um dem Fluch zu entgehen, ließ Laios nach der Geburt eines Sohnes diesem die Knöchel durchbohren, die Füße zusammenbinden und ihn im Gebirge aussetzen, damit er umkomme. – Von diesen durchstochenen Knöcheln hat der Sohn seinen Namen: »Ödipus« = Schwellfuß. – Ödipus wurde jedoch gerettet, zu einem kinderlosen Königspaar gebracht und von diesem großgezogen. Beunruhigt durch Anspielungen auf seine Herkunft, befragte Ödipus das Orakel von Delphi, von dem er erfuhr, daß er seinen Vater töten und seine Mutter heiraten werde. Da für Ödipus seine Eltern das Königspaar waren, das ihn großgezogen hatte, ging er nicht nach Korinth zurück, um diesem Schicksal zu entgehen. An einer Wegkreuzung begegnete er dann einem König mit seinem Gefolge, der ihm befehlen ließ, den Weg frei zu machen. Die beiden gerieten, ausgelöst durch den Älteren, Laios, in Streit. Der Jüngere, Ödipus, erschlug den Älteren, Laios. Keiner wußte, wer der andere in Wahrheit war. Ödipus bekam dann schließlich Jokaste zur Frau. Er war ahnungslos über Vatermord und Inzest.

Ich möchte an diesem Klassiker einiges verdeutlichen.

Erstens: Laios hat ganz unbestreitbar wirkliche Schuld auf sich geladen. Schuld – das ist etwas völlig anderes als Schuldgefühle! – durch die Entführung des Chrysippos und dessen Ende. Aber Laios ist offenbar nicht bereit, diese Schuld auf sich zu nehmen und zu ihr zu stehen. Auf sich zu nehmen und zu ihr zu stehen hätte wohl geheißen, auf Nachkommenschaft zu verzichten, auch um den Preis, keinen Thronfolger zu haben (er konnte ihn, nach dem Orakel, ja sowieso nicht ohne Gefahr für sein eigenes Leben haben!). Laios will dem entgehen, und so begeht er eine neue Untat, wird erneut schuldig an seinem Sohn: Ödipus. Doch »das eben ist der Fluch der bösen Tat, daß sie fortzeugend immer Böses muß gebären« (Schiller). Indem Laios das vermeintlich Böse in seinem Sohn ausstoßen möchte, statt es als sein eigenes auf sich zu nehmen, ver-nicht-et er – in der Absicht: physisch, tatsächlich auch psychisch – sozusagen das »Selbst« des Sohnes. Dieser Sohn wird aber gerettet. Und der Sohn? Er fühlt dunkel, möchte sein »wahres« (Winnicot), ich würde lieber sagen, sein »authentisches« Selbst finden in Ahnung des ihm auferlegten Schicksales, um das ihm vom Orakel prophezeite Schicksal nicht zu vollziehen. Das ist ihm unmöglich gemacht durch die Ausstoßung. Und so wird auch er schuldig. Bis er seine Schuld erkennen kann.

Was ich zu zeigen versuchte, ist die dramatische Geschichte einer »Selbstvernichtung« durch Schuldzuweisung und die verzweifelte Suche nach dem »authentischen«, das heißt dem Entelechialen gemäßen Selbst.

Zweitens: In der Geschichte des Königs Ödipus steckt etwas, was wir den »Wiederholungszwang« nennen. Unter Wiederholungszwang verstehen wir in der Psychoanalyse allgemein jenes eigenartige Phänomen eines unbezwingbaren Müssens unbewußter Herkunft, »wodurch das Subjekt sich aktiv in unangenehme Situationen bringt und so alte Erfahrungen wiederholt, ohne sich des Vorbildes zu erinnern, im Gegenteil den sehr lebhaften Eindruck hat, daß es sich um etwas ausschließlich durch das Gegenwärtige Motiviertes handelt« (vgl. Laplanche, J. B. Pontalis, Das Vokabular der Psychoanalyse).

Ich behaupte, es gibt einen individuellen, *lebensthematischen* Wiederholungszwang; es gibt ihn auch innerhalb von Familien, und es gibt ihn innerhalb von Generationen. Die biblische Tradition formuliert das so: ». . . Gott, der die Schuld der Väter heimsucht bis ins dritte und vierte Geschlecht an den Kindern . . .« (2. Mose 20,5). Es gibt den Wiederholungszwang sogar zwischen den Völkern. Bis endlich ein Glied diese Kette durchbricht, Schuld auf sich lädt gegenüber den tradierten Bildern und Verschiebungen und zu einer adäquaten Lösung kommt.

Ödipus gelingt das nicht: Nach der Aufklärung der Ursache des Unheils von Theben erhängt sich seine Frau und Mutter Jokaste, und er durchsticht sich die Augen, daß er blind wird, was keine Lösung ist, wie die Fortsetzung im Drama »Ödipus auf Kolonos« von Sophokles zeigt. Kreon, der Bruder von Jokaste, übernahm die Herrschaft über Theben und vertrieb Ödipus. Mit dem Fluch, seine Söhne sollten sich im Kampf um die Macht in Theben gegenseitig töten, verließ Ödipus als Bettler die Stadt. So vernichtete sich schließlich das ganze Geschlecht des Laios' selber.

Ich vermute, daß eine genaue Beachtung der Neurosenphänomene nicht nur einen Schlüssel gibt für die Lösung der Frage des »Wie und Warum«, sondern auch gleichzeitig das *Problem* im Sinne einer hier und jetzt zu lösenden Aufgabe selber enthält.

Ich will das zu erklären versuchen, wobei mich noch einmal Ödipus leiten mag. Als Ödipus vor die Tore der Stadt Theben kam, begegnete er der Sphinx, einem Ungeheuer mit Frauenkopf, Löwenkörper und Flügeln. Jedem, der an ihr vorbei und nach Theben wollte, stellte sie die gleiche Frage. Und jeden, der sie nicht löste, verschlang sie. Bis Ödipus kam. Auch ihn fragte sie, wie das Wesen heiße, das nacheinander auf vier, dann auf zwei und schließlich auf drei Füßen gehe. Ödipus löste die Frage: der Mensch (als Krabbelkind, dann aufrecht, und im Alter am Stock). Die Lösung scheint einfach und selbstverständlich. Und doch hatte die bis dahin ungelöste Frage dem Mythos zufolge Tod und Verderben über die Stadt gebracht. Ödipus brauchte offenbar keine komplizierten Denkakte, er ließ das Phänomen auf sich wirken, sein Gefühl signalisierte das, was er dann zur Sprache brachte.

Was meint die Frage der Sphinx, worin besteht ihre Herausforderung? In der Sprache, die der damaligen Bewußtheitsstufe entsprach: Mensch, wer bist *du?* Ich möchte hinzufügen für heute, hier und jetzt: *gerade du!*

In Neurosen kommt für mich im jeweiligen Phänomen zum Ausdruck und Austrag, worum es geht, und ich behaupte, im Grunde kaum verschlüsselt, trotz der Verschlüsselung.

Ich kehre zum Ausgangspunkt dieser Überlegungen zurück. Der Weg zu sich selber ist schwer und erschwert. Meine Biographie ist Entwurf und Last zugleich. Und sie dient mir oft, zu oft als Alibi. Dann berufe ich mich auf meine Herkunft, meine Eltern, meine Geschwister, mein Milieu, meinen Werdegang, meinen Partner, meine Kinder, meine Tradition, meine Position und Reputation, die Zeitumstände, die Religion, den Staat, die Gesellschaft und weiß Gott was alles noch herhalten muß – nur ich nicht. Und wenn sich schon etwas ändern soll, dann bitte schön doch zuallererst die anderen, die sollen sich doch besinnen!

Aber was hilft es. *Ich* bin doch erkrankt. Und dieses Signal aus mir selber meint *mich.* Meint spätestens von da an meine Verantwortung für mich, die nur ich allein habe. Niemand sonst. Neurosen sind deshalb für mich Signale: Sie weisen nach vorwärts, auf mein Hier und Jetzt, endlich diese meine Werde-Gestalt *auch* in dem bis dahin ausgeschlossenen Aspekt zu leben. Endlich mich aufzumachen zur Suche und Entfaltung, oder weiterzugehen über das bisher Gelebte und bisher Verwirklichte hinaus. Mich endlich aus der Ent-Zweiung mit mir zu befreien und mich mit dem zu einen und den zu leben, der und wie nur ich sein kann: ich selbst.

JEDEN GIBT'S NUR EINMAL

Mein Leben ist mein Sinn

Ich bin geboren. Und so lebe ich jetzt. Aber damit, *daß* ich geboren bin und mein Leben *habe,* habe ich es nur. Ich trage mich in mir und ich bin daraus geworden. Aber meine innere »Werde-Gestalt« will sich voll entfalten in all ihren »Aspekten« – Leib, Seele, Geist – und in diesem Sinne also vom »Haben « zum »Sein« transformiert werden.

So ist mein Leben eine Herausforderung an mich, dieses mein Leben zu leben, hier und jetzt. Hier und jetzt heißt: *heute.* Nicht morgen oder übermorgen, wenn das Leben *meine* Bedingungen erfüllt hat, unter denen ich anfangen kann. Niemand kann dem Leben Bedingungen stellen, obwohl wir das immer wieder versuchen, um das unausweichliche Selber- und Sichselber-Leben aufschieben oder gar auf die Ewigkeit vertagen zu können. Mit Bedingungen und Aufschüben versäumen wir das Heute, das niemals wiederkehren wird. Und ob es für mich überhaupt ein Morgen geben wird, weiß ich ja gar nicht. Mit Aufschub und Bedingung lassen wir das Leben und Werden nicht geschehen. Wir verhindern es, weil wir nicht im Einklang mit ihm handeln. Die Ewigkeit, meine Ewigkeit, hat längst begonnen. Sie *ist* und sie ist *jetzt.*

Heute, das heißt dieser Augenblick, diese Stunde, dieser Tag. Und es heißt zugleich in dieser Zeit, in diesem Äon, im »Wassermann-Zeitalter«. In einem kosmischen Prozeß, der bisher in dieser Art nicht gestellte Aufgaben zur Lösung bringen soll. Und in einem Augenblick, in dem wir uns und unseren ganzen Planeten auslöschen können: militärisch-kriegerisch oder auch ökologisch-friedlich. Es ist schon viel später als wir meinen.

Ich *habe* mein Leben, heute. Aber das Leben *haben* ist nur eine Chance *zum* Leben. Ich muß es *tun.* Sonst lebe ich zwar, aber ich lebe trotzdem nicht. Selbst wenn ich noch so aktivistisch bin, kann ich an meinem Leben vorbeileben. In biblischer Sprache heißt das: »Was nützte es dem Menschen, wenn er die ganze Welt gewönne, aber Schaden litte an seiner

Seele?« (Matthäus 16,26). An seiner »Seele« heißt in meiner Sprache: an seiner »Werde-Gestalt« mit all ihren Potentialen, die in dieser Konstellation nur *dieser* »Werde-Gestalt« zu eigen und Element und Funktion des Kosmos sind. Das ist die *mit mir* gegebene Herausforderung meines Lebens an mein *von mir* zu lebendes Leben, das niemand anderer für mich leben, niemand anderer für mich verantworten kann. Nur ich selber. Wie aber kann ich mich darauf einlassen, mich von meinem Leben ergreifen lassen?

Ich glaube, das geht jetzt vor allem auch mein »Herz« und meinen »Bauch« an. Das ist bildlich gesprochen: »Herz« und »Bauch« meint, vor allem meine Tiefenschichten zu Wort kommen zu lassen, wo ich fühle, atme, empfinde, wo ich liebe, mich freue, staune, leide, lache, tanze, singe, traurig bin, vielleicht sogar verzweifeln könnte, mich einfach einlasse auf das Leben. Fühlen, empfinden, im Innersten sich eins erleben mit dem strömenden Leben, das ist anders als nur denken. Denn denk-bar ist alles, und das Denkbare, nur konsequent genug durchdacht und nichts als durchdacht, ist letztlich auch machbar. Auch »Holocaust« ist denkbar *und* machbar gewesen (und ist es immer noch), weil »Herz« und »Bauch« vergiftet waren. Vergiftet durch Spaltung des Lebens und des Lebendigen.

»Man sieht nur mit dem Herzen gut. Das Wesentliche ist für die Augen unsichtbar.« Das ist das Geheimnis, das der Fuchs dem »Kleinen Prinzen« (Antoine de Saint-Exupéry) offenbart.

»Mit dem Herzen sehen« meint ein inneres »Sehen« und »Hören« dessen, was wesentlich ist. Das ist etwas anderes als das, was wir mit Augen und Ohren in uns aufnehmen. »Mit dem Herzen sehen« meint den Grund der Dinge, das, was *hinter* ihren Erscheinungen ist, aufnehmen, erfassen. Es ist das, was im biblischen Schöpfungsmythos von Adam und Eva gesagt ist, nachdem sie vom »Baum der Erkenntnis« gegessen hatten: »Da erkannten sie, daß sie nackt waren.« Mit den Augen »gesehen« hatten sie sich schon immer. Nur, sie konnten nicht »wissen«, fühlen, was das heißt, nackt sein und ganz anders sein als der andere und welche Möglichkeiten damit gemeint sind. Dieses »Erkennen« hatte aber die Vertreibung aus dem Paradies zur Folge: aus dem Paradies der totalen Unbewußtheit. Jetzt *wußten* sie. Und sie mußten erfahren, daß sie von nun an Verantwortung für sich trugen. Jeder auf seine Weise. Übrigens: Im Hebräischen heißt erkennen sowohl erkennen als auch beischlafen. Mit dem Herzen erkennen ist etwas ganz und gar anderes als »sich den Kopf zerbrechen«.

In dem genannten Mythos hatten Adam und Eva »gegessen«. Das meint Wahrnehmungen mit dem Bauch. *Schmekken,* wie die Dinge sind, durch und durch erfahren, was sie mit mir machen. »Bauch«, das ist durchaus auch mein physischer Unterleib. Hier kann ich ganz direkt und unmittelbar spüren, was mit mir ist und mit mir übereinstimmt. Im Bauch spüre ich meine »Verbundenheit« mit den ernährenden, zeugenden und die (Neu-)Geburt vorbereitenden Wurzelkräften des Lebens. Bauch als »Ort« ist der Raum der ursprünglichen Einheit des Lebens. Nur wo der Mensch seine Einsfühlung mit ihr bewahrt und aus jeder Trennung heraus wiederum herstellt, bleibt er *in* aller Artikulierung und Bewußtwerdung des in ihm verkörperten Lebens heil (K. Dürckheim, Hara). »Hara« nennen die Japaner den bio-psychischen Bauch.

Nun haben wir in unserer Entwicklung immer mehr gelernt und lernen müssen, alles mit dem »Kopf« zu machen, und wir haben es damit erstaunlich und erschreckend weit gebracht. Nichts gegen unseren »Kopf«, auch den brauchen wir wie unser »Herz« und unseren »Bauch«. Gefährlich wird es nur dann, wenn unser »Kopf« zum »Ich« wird, sich der »Kopf« sozusagen von »Herz und Bauch« trennt, sich verselbständigt und sich für das Entscheidende, Wesentliche hält; wenn ein Instrument zur ganzen Gestalt wird, statt die »Gestalt« mit *allen* Instrumenten zu formen und zu leben.

Mir scheint, daß aus einem solchen Ich-Denken, einer Verstandes- und Intellektkultur heraus Freuds berühmter Satz »Wo *Es* war, soll *Ich* werden« so mißverstanden und vereinseitigt werden konnte. Sicher war er aus der Zeit heraus und in die Zeit hinein formuliert. Von meinem Verständnis her könnte er sehr wohl heißen: Alles, vor allem auch das, was im Dunkel und Unbewußten der Persönlichkeit liegt, soll, auch mit Hilfe des Instrumentes »Ich«, gelebte Gestalt werden. Nun aber legt Freuds Formulierung schon – gewollt oder nicht gewollt – den Keim zum Mißverständnis. Denn wozu wird das führen, daß »alles der Herrschaft des Ich *unterworfen* werden« soll (S. Freud)? Wo Herrschaft und Unterwerfung ist, da ist keine Gleich-Wertigkeit und keine Gleich-Rangigkeit, kein Miteinander, eher Gegeneinander. Da ist Hierarchie und Höher und Niedriger, Wertvoll und weniger Wertvoll. Wo Herrschaft und Unterwerfung ist, da wird es Rebellion und Aufstand geben, früher oder später. Und es wird – das lehrt ja gerade die Psychoanalyse – wiederkehren in veränderter Gestalt. Nicht erkennbar zunächst als das, was es wirklich ist.

Die Ich-Konzeption Freuds hat ihren Ausgangspunkt in seinem Paradigma der sexuellen Triebe, die Lust suchen und Unlust vermeiden möchten und dabei »Schicksale« erfahren. Dem »Ich« kommt dabei in der psychoanalytischen Theorie von der Struktur der Persönlichkeit entscheidende Bedeutung zu. »Das Ich entwickelt sich von der Triebwahrnehmung zur Triebbeherrschung, vom Triebgehorsam zur Triebhemmung. . . . Die Psychoanalyse ist ein Werkzeug, welches dem Ich die fortschreitende *Eroberung* des Es ermöglichen soll . . . Aber andererseits sehen wir dasselbe Ich als ›armes Ding‹, welches unter dreierlei Dienstbarkeiten steht und demzufolge unter dreierlei Gefahren leidet, von der Außenwelt her, von der Libido des Es und von der Strenge des Über-Ichs . . . Als

Grenzwesen will das Ich zwischen der Welt und dem Es vermitteln, das Es der Welt gefügig machen und die Welt, mittels seiner (des Ich) Muskelaktionen, dem Es-Wunsch gerecht machen« (S. Freud, GW XIII). In dieser Sicht wird das Ich zu einem wirklichen Organ, »das im Prinzip als Repräsentant der Realität dazu bestimmt ist, eine progressive Beherrschung der Triebe zu sichern« (J.Laplanche, Das Vokabular der Psychoanalyse). Und noch einmal Freud: »Das Ich repräsentiert, was man Vernunft und Besonnenheit nennen kann, im Gegensatz zum Es, welches die Leidenschaften enthält.« Etwas später vergleicht Freud das Verhältnis Ich und Es mit Reiter und Pferd: Das Ich »gleicht so im Verhältnis zum Es dem Reiter, der die überlegene Kraft des Pferdes zügeln soll mit dem Unterschied, daß der Reiter dies mit eigenen Kräften versucht, das Ich mit geborgten . . . Wie dem Reiter, will er sich nicht vom Pferd trennen, oft nichts anderes übrigbleibt, als es dahin zu führen, wohin es gehen will, so pflegt auch das Ich den Willen des Es in Handlung umzusetzen, als ob es der eigene wäre« (GW XIII).

Ich muß dazu einige Bemerkungen machen. Da ist also vom »Repräsentanten der Realität« die Rede, der eine »progressive Beherrschung der Triebe« sichern soll. Was ist denn das eigentlich: »Realität«? Ist das eine, die *ist*, aus sich heraus, oder ist das eine geschaffene? Von Mächten geschaffene? Mächten, die mir sagen wollen und es allmählich so eingerichtet haben, wie ich es zu sehen habe? Und wenn es eine geschaffene Realität ist, wie manipulierbar ist sie dann? Muß ich dann mein Ich, meine Triebe so weit fortschreitend »unterwerfen« oder gar abtöten, daß ich zu dieser »Realität« passe? Dabei sind – folge ich diesem Text – meine »Triebe« für mich das, was für den Reiter das Pferd ist. Nur mit dem Unterschied, daß der reale Reiter eine eigene und das Pferd eine andere eigene Energie ist, die der Reiter nutzen kann. Das Bild in diesem Text und dieser Theorie ist frappierend aufschlußreich: Das »Ich« als Reiter »borgt« seine Kräfte von dem Pferd. Und es muß sich selbst dann noch vormachen, es sei die lenkende Energie, wenn es längst sich dem Pferd überlassen muß, wohin *dieses* will.

Wenn das Ich – wozu die Psychoanalyse helfen könnte – das Es fortschreitend erobern soll, dann muß das Ich mit seinen Eroberungen auch etwas Sinnvolles anfangen: sublimieren. Als »Sublimierungen« hat Freud hauptsächlich die künstlerische Betätigung und die intellektuelle Arbeit beschrieben und »ganz allgemein Betätigungen, denen eine gegebene Gesellschaft einen großen Wert beimißt« (vgl. J. Laplanche, Das Vokabular der Psychoanalyse). Dieser Umwandlung des Sexualtriebes mißt Freud hohe Bedeutung zu. Der umgewandelte Sexualtrieb »stellt der Kulturarbeit außerordentlich große Kraftmengen zur Verfügung, und dies infolge der bei ihm besonders ausgeprägten Eigentümlichkeit, sein Ziel verschieben zu können, ohne wesentlich an Intensität abzunehmen. Man nennt diese Fähigkeit, das ursprüngliche sexuelle Ziel gegen ein anderes, nicht mehr sexuelles, aber psychisch mit ihm verwandtes, zu vertauschen, die Fähigkeit zur Sublimierung.«

Ich habe an dieser These (und ihren Variationen) meine Zweifel und fürchte, sie ist ein intellektueller Mythos mit Folgen, der von der *»Kulturforderung«* ausging. Für mich ist Freud in diesem Punkte widersprüchlich. Auf der einen Seite rühmt er die ausgeprägte Eigentümlichkeit der Sexualtriebe, ihr Ziel verschieben zu können auf nicht-sexuelle Ziele, und sieht in ihrer Verschiebbarkeit ihren kulturellen Wert. Auf der anderen Seite weist Freud in der gleichen Arbeit – »Die kulturelle Sexualmoral und die moderne Nervosität« (GW VII) – auf die Folgen der kulturell geforderten Sexualunterdrükkung für die Menschen hin, auf die »für den Mann in unserer Gesellschaft geltende ›doppelte‹ Sexualmoral, die das beste Eingeständnis (sei), daß die Gesellschaft selbst, welche die Vorschriften erlassen hat, nicht an deren Durchführbarkeit glaubt« (ebd). Dann ist er wenig später doch wieder der

Auffassung: »Auch wer diese Schädigung durch die kulturelle Sexualmoral zugibt, kann . . . geltend machen, daß der kulturelle Gewinn aus der soweit getriebenen Sexualeinschränkung diese Leiden, die in schwerer Ausprägung doch nur eine Minderheit treffen, wahrscheinlich mehr als bloß aufwiegt« (ebd). Mit »soweit getriebene Sexualeinschränkung« ist gemeint die dritte Kulturstufe, »auf welcher nur die legitime Fortpflanzung als Sexualziel zugelassen wird« (ebd). Schließlich warnt aber Freud ausdrücklich davor, die Sexualeinschränkung und die Sublimierung zu weit zu treiben. »Ein gewisser Anteil der verdrängten libidinösen Regungen hat ein Anrecht auf direkte Befriedigung und soll sie im Leben finden« (GW VIII). Warum? Weil unsere »Kulturansprüche« für die meisten »der menschlichen Organisationen« das Leben zu schwer machen und dadurch die Abwendung von der Realität und die Entstehung von Neurosen fördern, ohne daß durch das Übermaß von Sexualverdrängung »ein Überschuß von kulturellem Gewinn« erzielt würde. »Wir sollten uns nicht so weit überheben, daß wir das ursprünglich Animalische unserer Natur *völlig* vernachlässigen, dürfen auch nicht daran vergessen, daß die Glücksbefriedigung des einzelnen nicht aus den Zielen unserer Kultur gestrichen werden kann.« Zwar sei die Plastizität der Sexualkomponenten, die sich in ihrer Fähigkeit zur Sublimierung kundgeben, ja eine große Versuchung, immer größere Kultureffekte zu erzielen. Aber man sollte nicht anstreben, »den Sexualtrieb in seinem *ganzen* (Hervorhebung von mir) Energieausmaß seinen eigentlichen Zwecken zu entfremden. Wenn die Einschränkung der Sexualität *zu* (Hervorhebung von mir) weit getrieben werden solle, müßte das alle Schädigungen eines Raubbaues mit sich bringen.« Freud schließt seine Warnung mit dem »zu weit treiben«, dem »völligen Vernachlässigen« mit der Erzählung des Schwankes von Schilda: Die Bürger von Schilda hätten versucht, ihrem »Pferd das Haferfressen schonend abzugewöhnen, was sehr gut gelang, bis auf einen Halm waren sie gekommen. Als auch der am nächsten Tage entzogen werden sollte, lag das Pferd am Morgen dieses Tages tot im Stall« (ebd). Wie es auch dem schwäbischen Schneiderle mit seiner »Goiß« erging, der er das Fressen abgewöhnte: »Jetzt, wo s'es g'wohnt gwäa wär, isch se verreckt.« So weit darf es nicht gehen; aber so weit wie möglich offenbar doch! Denn der »kulturelle Gewinn«, die »kulturellen Effekte« bleiben doch »das Höhere«.

Freud hat mit seiner Feststellung der »kulturellen Sexualmoral« und der »Kulturforderungen« eine ungeheure Entdekkung gemacht, die aber offenbar unbewußt bleiben mußte: daß die Einschränkung der Sexualität von der *»Kultur«* gefordert wird, *ohne* seinerseits und seinerzeit weiterfragen zu *können,* was das denn in Wahrheit sei, die »Kulturanforderung«, der »kulturelle Gewinn«. Und obwohl Freud die (vermeintliche) Fundamentalität der »Kulturanforderung« so deutlich machte, sah er sich wütenden Angriffen durch die »Kultur« ausgesetzt. Ahnte die »Kulturanforderung« vielleicht – freilich unbewußt – einen, wie ich das nennen möchte, »Rumpelstilzchen-Effekt«? Der Art etwa: »Ach, wie gut, *solange* niemand weiß, daß ich Rumpelstilzchen heiß!«

Apropos Kultur: Freud meint: »Ein abstinenter Künstler ist kaum recht möglich, ein abstinenter junger Gelehrter gewiß keine Seltenheit« (GW VII). Und: »Die Wissenschaft ist eben die vollkommenste Lossagung vom Lustprinzip, die unserer psychischen Arbeit möglich ist« (GW VIII). Was Freud in seiner Theorie der Persönlichkeitsstruktur formuliert, ist – so scheint es heute für mich – die erstmalige wissenschaftlich griffige und naturwissenschaftlich begründete Formulierung einer offenbar gängigen Auffassung vom Menschen, der durch »Kulturanforderungen« gebändigt und zu Kulturleistungen gezwungen werden muß. Mit dem fundamentalen und die herrschende Auffassung insoweit kränkenden Nachweis, daß das Entscheidende und alle Kultur Tragende letztlich der Sexualtrieb sei.

Zu bändigen sind nach diser Auffassung aber auch die

»Aggressionstriebe, weil diese vor allem das Zusammenleben der Menschen erschweren und dessen Fortbestehen bedrohen«. Die Einschränkung seiner Aggression sei das erste und vielleicht schwerste Opfer, das die Gesellschaft vom einzelnen zu fordern habe. Freud weist dann auf die »ingeniöse Weise« hin, in der »diese Bändigung des Widerspenstigen vollzogen« wird: »Die Einsetzung des Über-Ichs, das die gefährlichen aggresiven Regungen an sich reißt, bringt gleichsam eine Besatzung in die zum Aufruhr geneigte Stätte.« Andererseits aber fühle sich das Ich nicht wohl dabei, wenn es so den Bedürfnissen der Gesellschaft geopfert werde, »wenn es sich den destruktiven Tendenzen der Aggression unterwerfen muß, die es gern selbst gegen andere betätigt hätte«. Zum Glück aber seien die Aggressionstriebe niemals allein, immer mit den erotischen legiert. Diese erotischen Triebe hätten unter den Bedingungen der vom Menschen geschaffenen Kultur vieles zu mildern und zu verhüten (vgl.GW XV). Doch haben diese erotischen Triebe sich ihrerseits eine Bändigung und möglichst hohe Einschränkung antun zu lassen, damit Kultur – vom Menschen geschaffen – möglich ist.

Wenn ich das alles, was in dieser Theorie ausformuliert ist, auf mich wirken lasse, muß ich gestehen, daß ich erschüttert und betroffen bin. Ich sagte: ausformuliert, weil ich damit allen Mißverständnissen vorbeugen möchte. Diese Theorie beschreibt nur etwas, was Jahrtausende war und was längst hätte ins Bewußtsein treten können. Aber diese Theorie konnte zu früherer Zeit noch nicht bewußt werden, und so wirkte sie wie ein Imperativ. Sehe ich mir das Denkmodell in dieser Theorie noch genauer an, dann enthält es eine exakte mikrokosmische Wiedergabe dessen, was makrokosmisch ist: ein absoluter Herrscher, der alles in seinen »höheren Dienst« stellt.

Die eigene Selbst-Unterdrückung ist das Vorbild für alle Unterdrückung von außen, ja sie ist die Bedingung für jede

Manipulierbarkeit von außen. Sei es von Nächsten, sei es von den Normen und ihren Mächten, die keine Macht hätten, wenn nicht von uns.

Ich mache damit nicht die Theorie verantwortlich. Ich weise auf sie und ihre unbewußt gebliebenen Hintergründe hin, um damit – so hoffe ich – die richtigen Fragen stellen zu können oder ihnen näherzukommen. Weil ich nicht auf eine durch die Entwicklung falsch gewordene Frage die richtigen Antworten im Sinne dieser falschen Frage geben kann.

Doch muß ich zunächst meine Erschütterung und meine Betroffenheit etwas verdeutlichen. Und ich denke, es könnte auch die Ihre sein. Nehme ich zunächst die von der »von Menschen geschaffenen« Kultur geforderte Sexualeinschränkung, weil dadurch ungeheure Kräfte für »Kultur« frei würden: Niemand hat mich gelehrt, meine naturwissenschaftlichen Intelligenzen einzuschränken oder weitgehend zu sublimieren, weil ich mit diesen Potentialen *auch* nukleare Waffen oder Gen-Manipulation ersinnen könnte. Aber »Sexual-Einschränkung durch Sublimation«, das wurde mir allenthalben gelehrt.

Oder nehme ich die »ingeniöse Weise«, mit der die widerspenstigen aggresiven Triebe gezähmt werden dadurch, daß das Über-Ich sie an sich reißt und diese »destruktiven Tendenzen« gegen das Ich wendet, um so das Zusammenleben der Menschen und dessen Fortbestehen zu sichern. Ich kann nicht sehen, daß der Mensch friedlicher wurde, seit ihm der Faustkeil abgenommen wurde und die aggressiven Triebe mit den – weitestgehend zu sublimierenden! – erotischen »legiert« sind. Ich sehe nur, daß Krieg um Krieg von Staaten und Gesellschaften gegeneinander geführt wurde und wird. Daß Hiroshima und »Holocaust« möglich waren. Waren? Ich lese in einer Pressemeldung, daß allein in einem einzigen Lager *eines* amerikanischen Bundesstaates chemische Kampfstoffe lagern, mit deren Hilfe – derzeit! – 140 Milliarden Menschen vernichtet werden können! Von den übrigen Lagern zu schweigen. Und zu schweigen von denen in der Sowjetunion. Und auch zu schweigen von nuklearen Waffen und dem allein dadurch gegebenen Overkill. Ich stelle das nur fest, ich klage nicht an. Klagen hilft kollektiv ebensowenig wie beim einzelnen, weil es wiederum nur zur Destruktivität führt. Worauf es ankommt ist: sehen, und das mit Vernunft und »Herz« und »Bauch«. Ohne Zweifel: Wir haben es mit der »Kultur« des so verstandenen Ich zu ebenso großartigen wie erschreckenden Möglichkeiten gebracht. Das könnte noch heilsam sein, wenn wir zu dieser »Willens- und Verstandeskultur« (Fr. v. Weizsäcker) hinzunähmen das Vorwärtsstreben des Menschen zu sich selber, zu der jedem innewohnenden und von ihm zu lebenden einmaligen Werde-Gestalt.

Ich sagte: *Vorwärts*-Streben. Denn das Rad der Geschichte läßt sich weder anhalten noch zurückdrehen. Die Entwicklung bis dahin, wo wir jetzt sind, war notwendig und unvermeidlich. Wir können das erst *heute* sehen. Aber wir *können* es sehen. Ich glaube, daß sie unvermeidlich war, weil hier ein unerforschtes und unerforschbares »Prinzip« wirkt. Das mag lächerlich klingen dem, der nicht anerkennen kann, daß es so etwas gibt. Ich frage nur, warum wir unter all dem Oberflächengetöse weltweit die gleichen Phänomene beobachten können, Phänomene, die *scheinbar* nichts miteinander zu tun haben, wie »der Zusammenbruch der Kernfamilie, die globale Energiekrise, die Ausbreitung der Sekten und das Kabelfernsehen . . ., die Entstehung von separatistischen Bewegungen von Quebec bis Korsika. Sie sind Teile eines weitaus größeren Phänomens: des Unterganges der Industriegesellschaft und der Entstehung einer neuen Zivilisation« (A. Toffler, Die Zukunftschance). Ich möchte noch einen Schritt weitergehen (als Alvin Toffler in seinen sehr beachtenswerten Büchern: »Der Zukunftsschock« und »Die Zukunftschance«) und sagen: Das Heraufkommen des menschlichen Menschen war bis jetzt in dem umfassenden Sinne nicht *möglich,* aber auch nicht »dran«. Da diese Erscheinungen weltweit sind, scheint mir glaubhaft, daß ein »Prinzip« wirkt.

Und so gesehen scheint mir die zunehmende Zahl der »Aussteiger«, die »Alternativen« wie die gegenwärtig zunehmenden Restaurativen, »geistliche« *wie* weltliche, vor allem ein Zeichen der Regression zu sein. Regression in dem Sinne, wie sie C. G. Jung verstand, als ein »reculer pour mieux sauter« – zurückweichen, um besser springen zu können. Diese so verstandene Regression ist *eine* Chance. Die andere wäre: ein »Quantensprung«, das heißt die Entfaltung des jetzt möglichen Bewußtseins mit allen Konsequenzen im Handeln und im praktischen Lebensvollzug. Jeder kann natürlich nur das ihm Gemäße leben, was ihm keine sich »als Zweck in sich selber« gebende und doch nur Fremd-Herrschaft tarnende »Kultur« vorschreiben kann. »Das ihm Gemäße«, das ist in meinem Verständnis sein »Selbst«, verstanden als »Werde-Gestalt«, die er ist und werden *kann.* Genau das war aber bislang weder – übergreifend gesehen – »dran«, geschweige denn deshalb für die »Masse« (ich würde lieber sagen: Menge) zugelassen. Gefordert war ein »Ich«, »das arme Ding« (Freud), das die »Kulturleistungen« zu vollbringen und deshalb zwischen dem »Es« und dem Über-Ich zu »vermitteln« hatte: einem »Es«, das soweit direkte Befriedigung erfahren durfte, daß es ihm nicht erging wie dem Pferd von Schilda oder der Geiß des Schneiderleins, aber gleichzeitig möglichst wenig Hafer bzw. Heu oder Laub fraß, im übrigen aber seine ganze Kraft der »Kultur« zur Verfügung stellte. Und einem Über-Ich, das die destruktiven Tendenzen gegen das Ich zu wenden hatte – »im Dienste der Kultur«. Mir scheint, wir sind auf dem direktesten Wege, alles, was wir mit Hilfe des »Ich« erreicht haben, definitiv gegen uns selber im wörtlichsten Sinne zu wenden.

Der Zustand, in den wir uns gebracht haben, begegnet uns im Zustand unseres Planeten Erde als Symptom: »friedlicher« Kollaps oder kriegerische »Endlösung«.

Wir haben »vergessen«, was Pico della Mirandola bereits 1457 formulierte: »Erstens gibt es eine Einheit der Dinge, durch die jedes Ding eins mit sich selbst ist, aus sich selbst besteht und mit sich selbst zusammenhängt. Zweitens gibt es eine Einheit, durch die ein Geschöpf mit allen anderen vereint ist, und alle Teile der Welt ergeben eine Welt« (zitiert nach A. Koestler, Die Armut der Psychologie). Ich füge meinerseits hinzu: Drittens: Diese eine Welt ist wiederum ein Teil von Welten. Und viertens: Da *alle* Teile der *einen* Welt eine Welt unter Welten ergeben, kommt es für die Welt und die Welten auf den Zustand jedes Teilchens an! Vielleicht kehrt darin die hippokratische »Sympathie zwischen allen Dingen« wieder – Sympathie im wörtlichen Sinne des Mit-Fühlens, aber auch Mit-Leidens! Und: sich gegenseitig beeinflussend.

Wenn es so ist – und ich sehe für mich keinen Grund, daran zu zweifeln, *daß* es so ist, wie Freud es in seiner Theorie der Persönlichkeitsstruktur ausformuliert hat –, dann ergeben sich für mich daraus heute, hier und jetzt Fragen. Fragen, was unsere individuellen Symptome zum Ausdruck bringen. Fragen, was die Symptomatik unseres Planeten zum Ausdruck bringt und ob diese Symptomatik nicht doch die Symptomatik des einzelnen widerspiegelt. Fragen, wie Wende möglich ist.

Die individuelle Pathologie von heute ist: Beziehungslosigkeit, Leere, Sinnlosigkeit, Depression, Schizophrenisierung. Diese individuelle Pathologie bringt zum Ausdruck unsere *Beziehungslosigkeit* zu unserem *ganzen* Wesen, weil eine *Funktion,* das »Ich«, über alles herrschen, alles »unterwerfen« muß im Dienste »höherer Werte«. Kann diese Beziehungslosigkeit zu sich selber ohne Folgen bleiben für die Beziehung von Mensch zu Mensch? Was ich *mir* nicht gestatten darf, darf ich doch genausowenig dem anderen gestatten! – Meine *Leere* entsteht, wenn ich – fast bis zum »Raubbau« – meiner beraubt werde. Und ist das keine Sinn-Losigkeit, zu leben für etwas, was andere geschaffen haben und was sie dann »Kultur«

nennen? – Wenn das Über-Ich die Destruktivität gegen das »Ich« (gemeint ist hier Ich synonym für »Gesamtperson«) wenden muß »im Dienste der Kultur«, folgt daraus Depression. Meine Depression, die mich hinabziehen will zu *meinem* eigenen Grund, der mir aber durch die »Kulturanforderung« verweigert wird. – Und die zunehmende Schizophrenisierung? Ich soll »Ich« sein, aber ich soll das nur so weit sein und das mit allem, was ich bin, daß ich die »Kultur« nicht gefährde, sondern fördere. Und sonst *nicht*?

Und die planetarische Pathologie ist der drohende ökologische Kollaps des Planeten Erde und/oder der militärische Overkill. Ist das nicht doch die Spiegelung dessen, was in den einzelnen vorgeht? Könnte es sein, daß hier der Zusammenhang ist? Der Zusammenhang zwischen der Spaltung *in* mir, »Triebe« und »Ich« plus Über-Ich genannt, und der Spaltung im »Innen« und »Außen«? Die Spaltung zwischen »Ich« gegen »Selbst«? Ist das vielleicht die Ur-Verdrängung, die Verdrängung des »Selbstes« zugunsten eines »Ich«? Ist das, was uns im Zustand unserer Welt entgegenkommt, die Wiederkehr des Verdrängten in dem Sinne, daß man wiederholt, wessen man sich nicht er-innert? *Bis* man es er-innert! Und tut.

Er-innern, das wäre die Besinnung auf die in jedem von uns angelegte Werde-Gestalt, was ich »Selbst« und »Selbstverwirklichung« nenne. »Erinnerung« an das Teilchen und den »Teilchenbeschleuniger«, aber jeweils in dem »Zustand«, in dem dieses Teilchen ist bzw. in den ich es gebracht habe – das ich *bin?* Kein anderer so wie ich, kein anderer so wie Sie? Nur ich wie ich, nur Sie wie Sie.

Wie aber wäre Wende möglich? Eine solche Wende, daß weder mein individuelles Schicksal meine Selbst-Zerstörung bringt noch daraus – konsequenterweise – die Zerstörung dieses Planeten mit allen verheerenden Folgen für den gesamten Kosmos – von meiner Selbstzerstörung ausgehend! –

unausweichliche Konsequenz wäre? Eine Wende, welche die mit Hilfe der Vereinseitigung und Verabsolutierung des »Ich« geschaffenen Möglichkeiten als Mittel zum *Anfang* wahrer Kultur nutzte: zur Inkarnierung des Menschen im Menschen, zum Beispiel durch die Aufhebung der »kulturellen Sexualmoral« mit allen ihren »Sexualeinschränkungen«, angefangen vom »Genitalziel der Fortpflanzung«, was Folgen hätte bis hin zum »una cum uno«? Wäre das die Verwirklichung der – bereits im Buche Salomo versuchten – »erotischen Friedenskultur« (Paul Konrad Kurz)? Ich meine: Ja! Das wäre unsere Chance zum Überleben oder, genauer gesagt, endlich zum Leben! Die erotische Revolution, die – endlich und wie in diesem »Weltjahr« fällig – die jeweilige Werde-Gestalt des einzelnen zum Erscheinen, zur »Epiphanie«, brächte! Weil der Mensch sich nicht mehr selber manipulieren und manipulieren lassen müßte, sondern sich vor sich selber allein zu verantworten hätte. Weil Zuneigung, Wärme, Freundschaft, Güte und schöpferisches Leben sich direkt einbringen könnten in den unmittelbaren Umgang mit dem anderen, ohne den Umweg der Sublimation. Und weil Friede im Menschen zumindest näher wäre, ohne Neid und ohne Selbsthaß, ohne die Wendung der – nur durch Unterdrückung entstehenden – Destruktivität gegen sich selber.

Dann bestünde die Hoffnung, und ich habe sie, daß wir uns mit den von uns geschaffenen *Mitteln* nicht, gemäß dem bisherigen Bilde, zer-stören, sondern im Gegenteil mit ihrer Hilfe verwirklichen.

Denn nicht die Mittel sind es, sondern das, was wir damit tun, indem wir sie als Zweck in sich selber begreifen statt als Mittel für den einzigen »Zweck in sich selber« (Kant), den Menschen. In unserer größten Gefährdung ist zugleich unsere größte Chance!

»Den« Menschen gibt es nicht. Es gibt Sie, es gibt mich. Sie wie nur Sie, mich wie nur mich. Sie Ihr »Selbst«, ich mein »Selbst«. Jeder seines, in seiner »kosmischen Identität«, was heißt: in seiner einmaligen, unvergleich- und unwiderholbaren *Möglichkeit* der Inkarnierung kosmischer Energie oder des unerforschten Prinzips. Meine »Werde-Gestalt«, Ihre »Werde-Gestalt«, die, solange wir leben, nicht zum Abschluß kommt, sondern erst in dem, was wir den Tod nennen, weil wir weiter nicht sehen.

Aristoteles, der diese »Entelechie« zum Begriff brachte, ist nur der Anfang, der Anstoß, nicht das Ende. Denn »Entelechie« – das, was das Ziel in sich hat – ist nicht etwas absolut Gegebenes. Es »fließt«. Und so ist Aristoteles ohne Heraklit – den man, weil unverstanden, den »Dunklen« nannte – nicht mehr länger denk- bzw. lebbar. Für Aristoteles ist entscheidend die ewige *Form,* für Heraklit der ständige Fluß und Wandel, der trotzdem bleibt. »Etwas, was sein Ziel in sich hat« im ständigen Fluß und Wandel, das ist das, was ich »Selbst« nenne, Werde-Gestalt.

Ihre, meine Werde-Gestalt ist also nicht etwas einmal Erreichtes wie die »Höhe« des »Ich«, das dann, wenn seine Kräfte schwinden, zerfällt. »Werde-Gestalt« ist ein lebenslanger Prozeß. In immer neuen Ausgestaltungen. Versäumte Chancen kehren – wenn auch jeweils in völlig anderem Gewande – wieder. Bis ich diese »Gestalt« erreicht oder definitiv versäumt habe.

Sehe ich das alles zusammen, dann, so scheint mir, brauche ich nicht einen Sinn außerhalb oder oberhalb *von* mir zu suchen. Er ist *in* mir: mich zu verwirklichen als die nur mir mögliche und nur mit mir »gemeinte« Variante des Kosmos. Denn die Ewigkeit ist nicht »irgendwann«. Sie *ist* längst, heute und hier. Jetzt wirke ich, wirken Sie, auf den Kosmos, der Kosmos auf Sie, auf mich: diese eine einzige Variante, die der Kosmos braucht. Jede!

Selbstverwirklichung ist das Gegenteil von Egozentrizität

So, wie wir nicht alle die volle Größe des Apoll erfahren, wenn wir uns vom Anruf »Erkenne dich selbst« betroffen fühlen, so müssen wir auch nicht alle von der Ekstase des Dionysos hingerissen werden, wenn wir unser Ich überschreiten wollen – aber einen Abglanz von diesen beiden Gestalten des Seins müssen wir verspüren, um uns verwirklichen zu können.

Das dionysische Element, das die Selbsterkenntnis zur Selbstverwirklichung werden läßt, besteht in der Bereitschaft zur absoluten Hingabe. In der Selbsterkenntnis erkennt der Einzelne, daß er über seine Individualität hinaus an etwas Allgemeinem teilhat und daß dieses Allgemeine ihn nicht nur an die anderen Menschen, sondern auch an das Göttliche verweist. Er kann in dieser Erkenntnis verharren und sein Selbst entweder in prometheischem Trotz oder in narzißtisch hochmütiger Angst für sich zu behalten versuchen. Im Grunde seiner Seele ist er jedoch stets von der Sehnsucht getrieben, sein Ich hinter sich zu lassen und das Selbst nicht nur in der Erkenntnis zu umkreisen, sondern es auch lebendig zu erfahren. Und diese Sehnsucht drängt ihn zur Vereinigung mit einem Du.

Literatur-Verzeichnis

Barz, Helmut, Selbsterfahrung – Tiefenpsychologie und christlicher Glaube, Stuttgart 1973

Bittner, Günther, Das andere Ich, München 1974

Bittner, Günther, Tarnungen des Ich, Stuttgart 1977

Blechschmidt, Erich, in: Schlemmer, Johannes (Hrsg.), Anfang gut, alles gut?, Heidelberg 1979

Böhler, Eugen, Psychologie des Zeitgeistes, Bern und Frankfurt 1973

Condreau, Gion, Medizinische Psychologie, Olten 1968

Constantine und Constantine, in »Handbuch der Ehe-, Familien- und Gruppentherapie«, Bd. 2, München 1973 (Hrsg. Heigl-Evers)

Doucet, Friedrich, Psychoanalytische Begriffe, Heyne-compaktwissen 7

Dürckheim, Karlfried, Graf von, Hara, München 1956

Duhm, Dieter, Synthese der Wissenschaft, Heidelberg 1979

Erikson, Erik, Identität und Lebenszyklus, Frankfurt/M. 1970

Frankl, Viktor, Theorie und Therapie der Neurosen, München 1970

Franz, M. L. von/Hillman, James, Zur Typologie C. G. Jungs, Fellbach 1980

Freud, Sigmund, GW Bd. II/III, VII, VIII, XII, XIII, XIV, XV, XVII

Frisch, Max, Andorra, Frankfurt 1962

Fromm, Erich, Das Menschliche in uns, Zürich 1967

Fromm, Erich, Haben oder Sein, Stuttgart 1976

Fromm, Erich, Anatomie der menschlichen Destruktivität, Stuttgart 1974

Funk, Rainer, Mut zum Menschen, Stuttgart 1978

Graber, Gustav Hans/Kruse, Friedrich, Vorgeburtliches Seelenleben, Goldmann-Medizin, Bd. 9038

Gottschalk, Herbert, Lexikon der Mythologie, Berlin 1973

Grof, Stanislav, Topographie des Unbewußten, Stuttgart 1978

Herbig, Jost, Der domestizierte Mensch (in »Die Zeit«) Nr. 42/1980
Herzog-Dürck, Johanna, Menschsein als Wagnis, Stuttgart 1960
Hillman, James, Die Psychologie: Monotheistisch oder polytheistisch, in: Gorgo 1/79
Jung, C. G., Erinnerungen, Träume, Gedanken, Zürich und Stuttgart 1962
Jung, C. G., GW Bd. 9/II, 10, 16, 17
Koestler, Arthur, Die Armut der Psychologie, Bern und München 1980
Kuhn, Thomas S., Die Struktur wissenschaftlicher Revolutionen, Frankfurt stw 25
Laplanche, J./Pontalis, J. B., Das Vokabular der Psychoanalyse, Frankfurt 1972
Miller, Alice, Das Drama des begabten Kindes, Frankfurt 1979
Mozart, W. A., Die Zauberflöte, Reclam
O'Neill, Nena und George, Die offene Ehe, Bern und München 1973[3]
Richter, H. E., Eltern, Kind und Neurose, rororo-ratgeber 6082/83
Rosenberg, Alfons, Durchbruch zur Zukunft – Der Mensch im Wassermann-Zeitalter, München 1958[1]
Sanders/Schmid, in Bittner, Günther (Hrsg.) Selbst und Selbstwerden des Kindes, Fellbach 1980
Schmid, Hans, Jenseits des Ödipusprinzips, in: Radius 4/75, Stuttgart
Schottlaender, Felix, Das Ich und seine Welt (posthum 1959 Stuttgart, Hrsg. Lene Keppler)
Sophokles, Die Tragödien, Stuttgart 1967[5]
Toffler, Alvin, Der Zukunftsschock, Bern, München, Wien, 1971[3]
Toffler, Alvin, Die Zukunftschance, München 1980
Willi, Jürg, Die Zweierbeziehung, Reinbeck 1975
Weizsäcker, C. F. von, »Fragen an die Tiefenpsychologie«, in: Gesellschaft und Neurose, Stuttgart 1965